AMOR E ESPERANÇA
Uma Mensagem para este Novo Milênio

Kiyo Sasaki Monro

AMOR E ESPERANÇA
Uma Mensagem para este Novo Milênio

Tradução
ZILDA HUTCHINSON SCHILD SILVA

EDITORA PENSAMENTO
São Paulo

Título do original: *Love and Hope*

Copyright © 1997 Kiyo Sasaki Monro.

Todos os direitos reservados. Nenhuma parte deste livro pode ser reproduzida ou usada de qualquer forma ou por qualquer meio, eletrônico ou mecânico, inclusive fotocópias, gravações ou sistema de armazenamento em banco de dados, sem permissão por escrito dos Editores.

Edição	Ano
1-2-3-4-5-6-7-8-9	99-00-01-02-03-04

Direitos de tradução para a língua portuguesa
adquiridos com exclusividade pela
EDITORA PENSAMENTO LTDA.
Rua Dr. Mário Vicente, 374 — 04270-000 — São Paulo, SP
Fone: 272-1399 — Fax: 272-4770
E-mail: pensamento@snet.com.br
http://www.pensamento-cultrix.com.br
que se reserva a propriedade literária desta tradução.

Impresso em nossas oficinas gráficas.

Sumário

Uma Mensagem ao Leitor 7
Dedicatória 9
Agradecimentos 11
Prefácio 13

PRIMEIRA PARTE

1 A Fonte de Tudo o que Existe 17
2 O Cosmos 19
3 As Dimensões 20
4 A Dualidade 25
5 Os Registros Akáshicos 26
6 A Mãe Terra, Gaia 27
7 A Terra como uma Escola 29
8 As Lições de Atlântida 32
9 Nascimento e Morte 34
10 Destino e Sorte 36
11 O Amor 38
12 Compaixão e Misericórdia 41
13 Fé e Responsabilidade 43

6 ~~~ *Amor e Esperança*

14 A Humildade 45
15 A Cura 47
16 Os Alimentos e a Dieta 50
17 Prece e Meditação 52
18 Como Meditar 55
19 Como Materializar nossos Sonhos 59
20 O Futuro da Terra 61
21 Os Movimentos da Terra 63
22 Extraterrestres e Seres Humanos 66
23 A Ascensão 68
24 As Condições para a Ascensão 70
25 A Sociedade Transformada 73
26 As Crianças da Nova Era 75

SEGUNDA PARTE

Perguntas e Respostas 77
Epílogo 137

Uma Mensagem ao Leitor

Quero que você leia este livro com o coração, não com o intelecto, pois talvez você ache seu conteúdo incomum. Se você ler as palavras com a mente aberta, seu coração poderá ressoar com elas, e a ressonância no seu coração lhe revelará a verdade cósmica que está na sua mente superconsciente, no seu Eu Superior, no seu coração.

Por favor, não deixe que a terminologia usada neste livro atrapalhe a mensagem. Os idiomas falados pelos homens impõem enormes limitações à verdade, mas por enquanto eles são tudo o que temos. Usei, por exemplo, o termo "Fonte de Tudo o que Existe" ao me referir a Deus, o Ser Supremo, mas substitua-o pela palavra ou frase com a qual você se sente mais à vontade. Também uso o termo "Eu Superconsciente" para definir a centelha eterna da Fonte que é o seu Ser maior e que transcende cada uma das suas vidas. A expressão "Eu Superior" se refere àquilo que liga a consciência humana de uma vida específica ao Eu Superconsciente.

Minha maior alegria seria que este livro despertasse sua consciência superior. Faço votos para que você usufrua o diálogo com o seu Eu Superior e compreenda o drama desta vida.

Dedicatória

Dedico este livro,
com amor e gratidão, à
Fonte de Tudo o que Existe,
pelo amor incondicional,
pela contínua paciência e infinita
criação que foram dados a
todos e a cada um de nós.

Dedicatória

Agradecimentos

Meu agradecimento especial vai para o sr. *Yoshimasa Takao*, um professor de astrologia, *"San Mei Gaku"*, por revelar o mecanismo da energia cósmica que cria a nossa realidade na terceira dimensão. Ele revelou com clareza a missão de vida dos meus filhos gêmeos e a minha própria, na ocasião em que meus filhos tinham nove e eu 36 anos de idade. Tive a honra de poder comunicar-me com ele depois que deixou a Terra, e sei que ele agora está numa dimensão de alegria. Também agradeço sinceramente aos meus *pais* e ao meu *marido*, que agora estão na quinta dimensão.

Eu gostaria de expressar minha gratidão àqueles que me ajudaram na comunicação consciente com seres invisíveis, a fim de ter mais esclarecimento e informação. Aproveitei essa orientação como se eu estivesse sentada na sala de aula de uma universidade cósmica.

Betty Sullivan	AsariA	Mary Ann Lucus
Crea	Tony Stubbs	Madeline Medeilos
Jude Sayce	Kara Alexander	George Mendonça
Ariel	Linda Ellis	e muitos outros

12   *Amor e Esperança*

Também agradeço especialmente à minha querida alma companheira, srta. *Olivia Hill*, que me ajudou a traduzir meu primeiro livro do japonês para o inglês (25 de dezembro de 1995).

Minha eterna gratidão a *William Theodore Jr.*, *Ann Ohri* e *Dan Ohri*, que datilografaram o manuscrito de Olivia. Também sou grata por suas sugestões criativas, que foram incluídas neste livro.

Quero agradecer a *Robert Gerard* e a toda a equipe da Oughten House que transmitiram sua energia a este livro. Um agradecimento especial para *Tony Stubbs*, meu velho irmão espiritual, por sua revisão e apoio valiosos e por tornar meu primeiro livro na língua inglesa uma jóia tão bela.

Minha profunda gratidão e apreço ao sr. e sra. *Richard Olney III e à sua família*, que não apenas me apoiaram nas épocas boas, mas também me protegeram nas mais difíceis. Em particular, a perícia do sr. Olney no campo financeiro me deu condições de dedicar meus serviços voluntários e alegres à Fonte.

Por último, agradecimentos especiais aos meus filhos gêmeos, *Kiyomi* e *Hiromi*, que definitivamente vieram a mim como grandes mestres para me ajudar na superação de minhas limitações. Kiyomi ajudou-me a preparar este livro para as pessoas de mentalidade ocidental. Hiromi e sua mulher Carreen me ajudaram com a leitura final das provas. Fui orientada a escrever mais quatro livros. Eu gostaria muito de ter como co-autores todos os meus filhos.

Prefácio

Todos os dias, ouvimos notícias perturbadoras sobre guerras, doenças, pobreza e catástrofes. Estamos todos a par das previsões do fim do mundo. Juntas, elas causam preocupações e medos que crescem em nós e nos levam a fazer as seguintes perguntas:

De onde viemos?

Por que fomos criados?

Para onde vamos?

Existe uma Fonte de Tudo o que Existe?

Por que estamos testemunhando acontecimentos trágicos?

Podemos modificar a realidade aterradora que vemos ao nosso redor?

Em meio a esse caos e à incerteza, como podemos nos concentrar no amor e na esperança e tornar nossa vida diária mais plena e feliz?

As respostas a essas perguntas podem diminuir nossa ansiedade nesta época tão problemática. Eu gostaria de partilhar a inspiração que recebi das dimensões invisíveis mais elevadas, para que as respostas lhe inspirem o mesmo amor e esperança profundos que inspiraram a mim.

Primeira Parte

1

A Fonte de Tudo o que Existe

A Fonte abrange tudo o que a mente e os sentidos humanos podem perceber — flocos de neve caindo do céu, flores desabrochando por toda a Terra, minerais, criaturas vivas, você e eu. A Fonte também abrange tudo o que não conseguimos perceber — a consciência pura, as dimensões superiores e as formas-pensamento. O cosmos inteiro *é* a Fonte. Tudo é uma expressão do amor incondicional, que por sua vez é uma qualidade intrínseca da Fonte; aos olhos desta, cada pessoa e cada coisa são igualmente importantes.

Tudo o que existe no cosmos foi no passado consciência indiferenciada, um corpo único de luz pura. A energia está sempre se transformando em formas diferentes, em consciência e em expressões, revelando uma criação ilimitada.

Se compararmos o cosmos ao corpo humano, vemos que as numerosas consciências universais apresentam funções específicas no cosmos, assim como o corpo humano tem vários órgãos que realizam determinadas tarefas. Chamo a fonte de toda energia e consciência de *Fonte de Tudo o que Existe*. Um dos meus mestres, Sathya Sai Baba, disse que tudo é criado pela Fonte, apesar dos muitos nomes usados para identificar aspectos específicos dessa Fonte.

Cada um de nós faz parte da Fonte e está ligado a ela por meio do nosso Eu Superior e do Eu Superconsciente, esse nosso aspec-

18 ❧ *Amor e Esperança*

to que transcende a consciência humana. Ainda assim, algumas vezes, pode ser difícil imaginar que todos integramos esse único grande corpo, visto que temos formas e funções individuais. Entretanto, todos *somos* parte de uma enorme família e *fomos* criados para descobrir o amor incondicional por todos os outros seres e para desenvolver os dons inatos do amor incondicional, do poder ilimitado e da sabedoria divina. Quando despertarmos e lembrarmos quem realmente somos, reconheceremos esses dons e sentiremos a unidade com a Fonte de Tudo o que Existe. Nesse estado, conheceremos a *felicidade*, a *segurança* e a *proteção* que um bebê recém-nascido tem nos braços dos pais, sabendo que suas necessidades serão completamente satisfeitas.

2

O Cosmos

Por que, em primeiro lugar, foram criados os universos, as galáxias e os planetas do cosmos infinito?

Imaginemos que em alguma época a Fonte de Tudo o que Existe tenha se manifestado num estado muito elevado de consciência, além dos conceitos de tempo, espaço ou matéria. Tente visualizar um estado em que você possa criar tudo o que puder imaginar, porém não pode se relacionar com isso como se fosse algo separado de você. Você não ficaria entediado?

Por isso, a Fonte resolveu mudar do estado de apenas *ser* para um estado em que ela pudesse gozar da infinita criação. A Fonte de Tudo o que Existe criou muitos universos e incontáveis galáxias, estrelas e planetas com ambientes diferentes, em que as centelhas da Fonte conseguiam sentir a plenitude da criação e o amor incondicional.

Como centelhas da Fonte, saímos voando pelo cosmos infinito, que abarca expressões tão diferentes dessa energia, e brincamos no palco ilimitado do cosmos como atores e atrizes, atuando em nosso drama pessoal. Por meio de nós, a Fonte se admira de sua criatividade ilimitada.

3

As Dimensões

𝒪 cosmos se compõe de dimensões infinitas e de incontáveis mundos paralelos que se entrelaçam e se sobrepõem, sem ter começo nem fim. Contudo, tentar escrever sobre ele usando a linguagem humana é tão impossível quanto acomodar o planeta Terra na cabeça de um alfinete. Não obstante, tentarei descrevê-lo.

Na terceira dimensão sentimos conscientemente a vida por meio da matéria densa do dia-a-dia; a vibração é lenta e pesada. Se compararmos a terceira dimensão com um mundo sólido de gelo, a quarta dimensão se compararia a um mundo em que o gelo derreteu e se transformou em água. Fluida, ela corre por entre os objetos sólidos. Para uma geleira, um rio pode parecer livre. A quinta dimensão é um mundo onde a água se transformou em vapor ou vapor de água; e para um rio, uma nuvem pode parecer livre.

O mundo tridimensional é feito de matéria rígida; nele não conseguimos atravessar as paredes. A quarta dimensão também é feita de matéria, porém, de uma matéria que vibra mais depressa e é mais leve. Na quinta dimensão, a matéria tem uma rapidez e leveza ainda maiores.

Na terceira dimensão, as formas-pensamento demoram muito para se materializar. Por exemplo, se temos vontade de comer uma maçã, precisamos plantar uma árvore e esperar que ela floresça e dê frutos. Na quinta dimensão, a matéria vibra com a velocidade

As Dimensões ~~~ **21**

da luz; portanto, a energia se materializa imediatamente. Na Índia, Sathya Sai Baba demonstra isso materializando objetos, a partir do "éter". Na quinta dimensão, qualquer pessoa pode fazer isso.

Depois das suas experiências tridimensionais, as almas voltam à quarta dimensão para descansar e resolver se retornarão à terceira dimensão, se prosseguirão para a quinta dimensão ou para dimensões ainda mais altas. Algumas almas que se despojaram de suas vestes terrenas (o corpo físico) e voltaram à quarta dimensão partiram sem cicatrizes no coração. Outras, cuja intenção era aprender sobre a paciência e o perdão enquanto estivessem na Terra, voltaram sem os ter praticado. Essas almas podem retornar à Terra repetidas vezes até que cumpram suas metas. Uma vez na quarta dimensão, você pode escolher entre curar e ser curado, freqüentar aulas sobre qualquer assunto imaginável ou ajudar àqueles que ainda estão na terceira dimensão.

Por exemplo, depois da sua morte, minha mãe aprendeu a materializar flores. Certo dia, ela me visitou com um belo ramalhete nas mãos; na outra vez, ela me trouxe uma flor azul muito bonita que havia cultivado, uma flor que não existe na Terra. Ela me contou que se sentia muito feliz por estar com meu falecido pai, e que usava a voz para gerar sons que ajudavam a curar mulheres que haviam tido morte traumática.

Nesta terceira dimensão, dependemos da linguagem para nos comunicar com os outros. Isso pode impedir que expressemos nossos sentimentos com exatidão, e dar origem a muitos mal-entendidos entre as pessoas. Na quinta dimensão, nós nos comunicamos telepaticamente. Nossos pensamentos são perfeitamente compreendidos pelos outros; portanto, mal-entendidos estão fora de questão.

Na terceira dimensão, talvez tenhamos pensamentos negativos sobre outra pessoa e os disfarcemos com um sorriso. Isso, no entanto, é impossível na quinta dimensão, onde os pensamentos se manifestam imediatamente. Portanto, a densa terceira dimensão é um campo de treinamento excelente para aprendermos a controlar nossos pensamentos e emoções.

Temos de nos preparar para a mudança de dimensão que está para acontecer, porque, na quinta dimensão, teremos capacida-

22 ～～～ *Amor e Esperança*

des que parecerão milagrosas, tais como o teletransporte e a materialização de belos objetos. Mas, por enquanto, temos de aprender a viver, preservar, aproveitar e valorizar cada experiência, porque criaremos um céu pentadimensional bem aqui, na Terra. Trata-se de uma mera mudança na consciência.

Antes de meu marido morrer, em 1987, muitas vezes conversávamos durante toda a noite. Eu lhe contava sobre minhas conversas com a Fonte e falávamos sobre astrologia, que eu tinha estudado durante dez anos; ele me falava sobre sua profunda admiração por Einstein e pela Teoria da Relatividade. Ambos tínhamos muita curiosidade sobre o que acontece depois da morte; assim, prometemos um ao outro que aquele que morresse primeiro voltaria para contar detalhadamente a experiência da morte e do estágio posterior a ela.

Cinco anos depois de morrer, ele fez contato comigo de um modo muito interessante. Meu marido apanhou um livro que estava na minha mesinha-de-cabeceira e o enfiou debaixo do colchão. Eu sabia que fora meu marido quem mexera no livro — ele não havia perdido seu jeito travesso e seu senso de humor.

Perguntei-lhe então: — Em que dimensão você está?

— Na quarta dimensão — respondeu orgulhosamente.

Meu marido e eu não conhecíamos muita coisa sobre a vida depois da morte, embora tivéssemos uma vaga idéia de que nosso espírito continua encarnando repetidamente. Assim sendo, depois da morte, ele ficou chocado ao descobrir que lá em cima as coisas são como aqui, inclusive o próprio corpo quadridimensional. — Agora, deste lado, estou aprendendo a fazer com que objetos se mexam aí na terceira dimensão — contou-me ele.

— Você mexeu no meu livro? — perguntei.

— Sim e não. Como não consegui fazer isso por mim mesmo, meu mestre me ajudou.

Ele continuava o mesmo, ainda com um quê de "Dennis the Menace", e amável como antes. — Vejo sua vida futura — ele me disse — e você me parece muito atarefada. Lamento ter desencarnado e não poder ajudá-la. — Quando vivo, ele respeitava inteiramente a minha liberdade, me encorajava para que eu me desenvolvesse, e tornou-se um escudo contra as críticas que a comunidade me fazia. (Nasci para ser uma mulher muito independente, e a cultura e a época em que eu nasci não perdoavam isso.) Ele foi um marido excelente e maravilhoso, mas, como não existem acasos no universo, aceitei o fato de que ele tinha que ir "embora".

Ele me disse: — Estou estudando muito para conhecer mais sobre a espiritualidade. — Ele acrescentou: — Lamento profundamente não ter aprendido mais enquanto estava encarnado.

— O aprendizado nunca cessa, e nunca é tarde para começar — respondi. — Vamos trabalhar juntos entre as duas dimensões.

Depois disso, ele não entrou em contato comigo durante muito tempo. Quando voltou, disse que estivera recebendo cura para seu corpo emocional, que passara por grave desequilíbrio. Ele também me contou que passara para a quinta dimensão.

— Qual é a diferença entre a quarta e a quinta dimensões? — perguntei.

— A quinta dimensão é muito mais radiante do que a quarta. Também fiz uma viagem surpreendente a outra galáxia. Foi uma espécie de excursão de colégio. Em seguida, fui guiado à oitava dimensão.

Pedi-lhe que partilhasse essa experiência comigo.

— Trata-se de um lugar belíssimo, todo iluminado — descreveu ele, com grande emoção. — Foi a primeira vez, na minha longa jornada, em que me senti tão próximo da Fonte. A partir de agora pretendo trabalhar com afinco, e farei tudo para chegar à oitava dimensão. Esse é o meu novo objetivo.

Meu marido também me contou que, logo depois de morrer, ele ficou preocupado com a família que deixara na Terra, mas, pouco a pouco, começou a se conscientizar de que cada um de nós tem seu próprio plano de vida. Finalmente, ele deixou de sentir o amor possessivo que tinha pela família e passou a sentir um amor incondicional, que está muito além do apego existente nos relacionamentos pai e filho e marido e mulher.

Em 1993, tive com ele a última conversa, que foi muito longa. Ele me disse para não usar mais as alianças de casamento, visto que as energias delas estavam impedindo que meu futuro marido entrasse no meu campo energético. — Finalmente cheguei ao estado de amor incondicional por você, e estou trabalhando para aproximar

24 ≈≈≈ *Amor e Esperança*

de você o seu futuro marido — contou-me. — Falando sinceramente, para mim essa foi a lição de amor mais difícil.

Quando perdemos entes queridos da família ou amigos num desastre, num acidente, por causa de doença ou suicídio, podemos irradiar-lhes luz de cura e amor, e dar-lhes a boa notícia de que podem ser curados na quarta dimensão e continuar a crescer espiritualmente.

Assim, neste universo, a Lua muda suas vibrações e cria muitas dimensões que existem ao mesmo tempo, como enormes caleidoscópios dentro de outros caleidoscópios, para nos apresentar muitos palcos onde podemos desempenhar os papéis escolhidos e conseguir sabedoria e entendimento com nossas experiências.

4

A Dualidade

A energia de Tudo o que Existe pode diminuir sua vibração até se tornar matéria ou elevá-la até se transmutar em luz. Dessa tensão energética, surge toda criação concebível por qualquer meio possível: os seres humanos, os sistemas solares, as galáxias e os universos.

Temos dentro de nós aspectos negativos e positivos: uma parte tende a se apegar à vida material e à realidade tridimensional, enquanto a outra quer desenvolver a espiritualidade e buscar a iluminação. Podemos optar por uma vida motivada pela ambição material e pela ânsia de ter poder sobre os outros; ou por uma vida de serviço ao próximo como a de Madre Teresa que, abnegadamente, serviu aos pobres e aos doentes.

A dualidade neste universo existe para que possamos criar nossas histórias. Enfrentar os desafios que traçamos leva-nos ao desenvolvimento espiritual. Quando elevarmos nossa consciência ao nível do amor incondicional, seremos capazes de criar o céu nesta Terra física.

5

Os Registros Akáshicos

Desde os primórdios da criação, tudo tem sido gravado no que é chamado de Registros Akáshicos, uma compilação precisa e abrangente de cada pensamento, atitude e sentimento que cada um de nós teve.

Nosso universo inspira e expira, densificando-se a partir da luz em vários graus de matéria e sempre voltando à luz, e todo esse processo é gravado nos Registros Akáshicos. Além disso, cada um de nós escreve continuamente o seu registro akáshico pessoal, embora não tenha consciência disso.

A pessoa tem acesso ao seu registro akáshico pessoal quando ela faz uma "revisão pós-morte", assim que se despoja do corpo carnal. Essa é uma oportunidade de sentirmos as alegrias e as dores que causamos aos outros durante esta vida, e de crescermos em sabedoria, compreensão e amor. Essa revisão nem sempre é agradável, mas a alma sempre amadurece com a experiência.

6

A Mãe Terra, Gaia

Este planeta em que vivemos é uma centelha da Fonte, assim como nós. Seu nome é Gaia, e ela também está em sua jornada cósmica de evolução. Essa centelha encarnou no corpo deste planeta e está aprendendo e crescendo.

Gaia fez isso voluntariamente, para dar aos seres humanos e a outras formas de vida uma arena bastante incomum, como uma escola para nosso desenvolvimento em todo o planeta. Essa é a maneira pela qual ela expressa seu amor. A singularidade desta escola terrestre, quando comparada a outros sistemas estelares, está no fato de que aqui não temos nenhuma lembrança da nossa divindade, e de que desfrutamos ilimitado livre-arbítrio.

Originariamente, o livre-arbítrio foi concedido à humanidade para incitar a criação da realidade com base no amor e no pensamento positivo, porém, infelizmente, nós, seres humanos, estávamos mais inclinados a deixar que o ego criasse nossa realidade. Não entendemos que a Terra fora destinada a ser partilhada com o reino animal, vegetal e mineral e com os reinos subterrâneos e com muitas outras entidades nem sequer concebidas pela humanidade. Abusamos de sua dádiva, por exemplo, usando bombas nucleares na Terra. (Isso é ainda mais pernicioso do que dar um tiro num corpo humano.) Também desmatamos florestas e montanhas e poluímos os rios, que são os vasos sangüíneos do planeta.

28 ~~~ *Amor e Esperança*

O amor da Mãe Terra fez com que ela conseguisse suportar todos esses atos destrutivos dos seres humanos até chegar a um estado crítico. Finalmente, ela gritou pedindo ajuda à Fonte e também decidiu ajudar a si mesma, mudando sua energia e revitalizando-se por meio do vento, da água e de pequenas mudanças terrenas. A Fonte ouviu o grito dela e enviou um chamado para voluntários de todos os cantos do cosmos. Legiões de entidades de luz, tais como anjos e Trabalhadores da Luz, atenderam esse chamado, devido ao amor que sentem pela Mãe Terra.

Primeiro, esses voluntários de dimensões mais elevadas estabilizaram o eixo da Terra com uma freqüência luminosa muito elevada. Em seguida, colocaram uma rede de proteção feita de luz em volta do planeta. É por isso que a Terra tem conseguido evitar os movimentos geológicos devastadores e as erupções que os profetas previram há séculos.

A partir de agora, temos que mudar o nosso modo de vida que destrói a Mãe Terra, para outro que a proteja e apóie. Isso é o mínimo que podemos fazer para evitar mais devastação e para mostrar nosso reconhecimento pelo amor que ela tem por nós.

7

A Terra como uma Escola

Algumas vezes dizemos: "Não pedi para nascer." Mas será que fomos obrigados a nascer, sem que tivéssemos qualquer outra escolha? A resposta é não. Como seres espirituais, nós optamos por encarnar. Portanto, não poderíamos ter nascido sem que antes tivéssemos dado nosso consentimento.

Você optou por vir a este universo, a esta galáxia, a este sistema solar e a este planeta. Sua realidade é o resultado de suas escolhas, e nada acontece por acaso. Antes de encarnar no seu corpo físico, você escolheu o lugar e o período histórico em que nasceria, as lições que queria aprender e o tipo de vida que pretendia levar. Em seguida, você optou pela combinação genética mais adequada, escolhendo seus pais. Resolveu se seria homem ou mulher, saudável ou inválido, bem-sucedido ou miserável e assim por diante.

As vibrações terrenas estão entre as mais baixas e produzem a forma mais densa de matéria. Quando vestimos nossos trajes terrenos (o nosso corpo físico), precisamos comer e dormir para sobreviver. Temos necessidades sexuais e ânsia por *status* e bens materiais. Apegamo-nos aos nossos entes queridos. Também aprendemos a ficar zangados, a ser ciumentos, felizes, alegres e assim por diante. Então, qual é o propósito principal ao freqüentarmos a nossa escola aqui na Terra?

30 ~~~ *Amor e Esperança*

Nossas lições básicas incluem viver as histórias complicadas deste mundo de matéria densa, de modo a nos harmonizar com a divindade que existe no fundo de nosso coração. Há bastante tempo estamos procurando desenvolver nossa espiritualidade e cultivar o amor incondicional, no ambiente tridimensional. As pessoas que harmonizaram completamente o mundo material e espiritual são consideradas *iluminadas*.

Para nós, é muito difícil integrar totalmente o amor incondicional em nossa vida. Por exemplo, na era feudal, os que pregaram que aos olhos de Deus somos todos iguais foram torturados e queimados vivos. Apesar de todo o sofrimento, medo e dor, muitas pessoas desenvolveram a espiritualidade na vida. Todos passamos por experiências cheias de dificuldades, para despertar e lembrar que somos capazes de sentir o amor incondicional por nós mesmos e pelos outros. A qualquer momento, você pode optar por se desenvolver, praticando o amor incondicional na terceira dimensão.

Cada um de nós se apresentou como voluntário para saber até que ponto podemos esquecer nossa verdadeira essência e viver em corpos cheios de desejos inatos, que surgem assim que recebemos o livre-arbítrio.

Esta escola terrestre ajudou cada centelha da Fonte a exercer a individualidade como pessoa, instituição, raça e religião, de modo que podemos apreciar a diversidade tal como apreciamos a variedade de flores num jardim. Infelizmente, no processo de busca da individualidade, ficamos presos em nossa personalidade egoísta e nos esquecemos de valorizar uns aos outros. Não temos, entretanto, de julgar o passado e não precisamos nos culpar, pois, diante do olho cósmico, cada experiência acrescenta mais um capítulo à história da criação.

Originariamente, a Terra foi criada para ser um lugar onde os seres poderiam se divertir e desfrutar a vida por meio do corpo físico, num ambiente material. Agora Gaia está se adaptando à vibração da quinta dimensão. Se quisermos viver na Gaia evoluída, cada um de nós precisará modificar sua consciência. Temos de praticar o amor incondicional por todos os seres, inclusive por nós mesmos; temos de lembrar que podemos optar por viver com alegria e na fartura; temos de perdoar e mudar nossos conceitos de peca-

A Terra como uma Escola 31

do e erro, seguindo o princípio de que todos estamos aqui para crescer; e temos de transformar nossas emoções negativas, de forma que nossa personalidade egoísta não reaja de acordo com essas emoções.

Aos que se lembram de sua natureza divina e cultivam sua transformação, a apresentação está prestes a acabar, e o palco foi montado para um novo espetáculo na quinta dimensão. No entanto, precisamos respeitar o livre-arbítrio para ascender com a Mãe Terra ou enfrentar outra encarnação tridimensional, mesmo que a escolha das pessoas a quem amamos seja diferente da nossa.

8

As Lições de Atlântida

A história da Terra conheceu seis fases geológicas principais e seis civilizações douradas. Estamos para iniciar a sétima civilização dourada. Há cerca de doze mil anos, movimentos violentos da Terra levaram à submersão da antiga civilização Atlântida.

Muitos de nós que vivemos nos dias de hoje já tivemos algumas vidas na Atlântida e, atualmente, estamos numa situação semelhante, num ambiente parecido. Muitos atlantes não estavam espiritualmente despertos e se preocupavam demais com seus objetivos egoístas, sem ouvir os mensageiros da luz enviados para avisá-los do acontecimento próximo. Da experiência atlante, podemos aprender quatro lições principais.

A primeira foi o fato — ignorado por nossa mente consciente — de que a maioria de nós se esqueceu de que somos divinos por direito de nascimento. Temos de lembrar que podemos desenvolver os dons cósmicos da sabedoria, da coragem e do amor incondicional por meio da meditação, da oração e do pensamento positivo. Na Atlântida, muitos de nós esbanjaram o poder verdadeiro, entregando-o aos que tinham certa autoridade, seguindo-os cegamente, mesmo que esses líderes fossem controlados pelo ego.

A segunda lição foi que viemos à Terra para crescer e evoluir por meio do nosso empenho espiritual. No entanto, muitos atlan-

As Lições de Atlântida ⚭ **33**

tes usaram drogas e outros meios artificiais para chegar à iluminação e, em vez de trabalhar para alcançar seus objetivos espirituais, transformaram-se em viciados.

A terceira lição foi que, na Atlântida, tínhamos tecnologia mais avançada do que agora. Manipulávamos muitas formas de energia e usávamos cristais, cores, sons e energias espirituais para a cura, a comunicação, o poder e o transporte. Essas tecnologias eram dádivas das dimensões mais elevadas e destinavam-se a melhorar o bem-estar e o crescimento espiritual de cada um. Infelizmente, muitos de nós perderam essas tecnologias pelo fato de as usar com a finalidade egoísta de controlar os outros.

A quarta foi que devemos aprender a discernir a verdade. Durante os últimos dias da Atlântida, a vida se parecia com a de agora. Havia excesso de informação negativa, que espalhava o medo, o ceticismo, a apatia e a falta de esperança. A informação positiva repleta de amor incondicional, de energia de cura e de verdade divina também estava disponível, porém aqueles que a transmitiam eram assassinados. Temos de aprender a discernir a verdade e a diferenciá-la das meias verdades e das falsidades contidas em qualquer informação.

Minha sugestão é observarmos se nosso coração ressoa com uma informação. Se ela lhe der alegria e coragem de enfrentar qualquer dificuldade na vida, essa é a sua verdade. O discernimento se torna fácil, quando nos ligamos a nossa superconsciência através do coração. Contudo, é necessária a verdadeira coragem para viver a verdade, quando o resto do mundo se volta para a direção contrária.

A sétima transformação da Terra nos permitirá criar juntos uma idade dourada, em que nos uniremos às partes mais elevadas de nós mesmos e chegaremos à maestria. Quando digo maestria, refiro-me a conhecer a nossa verdade e vivê-la na certeza de estarmos seguindo nosso próprio espírito. Se optarmos por isso, poderemos participar da formação da civilização dourada, nosso céu na Terra. Essas quatro lições da Atlântida são diretrizes para nossa vida diária.

9

Nascimento e Morte

Vamos examinar de perto a questão do nascimento e da morte. Antes do nascimento, você como alma fez um plano. Por exemplo, talvez você quisesse ser uma cantora nesta vida. Mestres e membros da sua família espiritual a ajudaram a escolher o ambiente mais apropriado — tempo, lugar, nacionalidade, raça, país. Geralmente, os pais escolhidos viveram várias vidas com você. Quando todos concordam em aceitar seus papéis, você parte para juntar-se aos encarnados: membros da família, mestres e amigos. Isso é nascimento. Alguns membros do seu grupo de almas se tornam anjos guardiães, ajudantes ou mestres e ficam com você durante toda a sua vida.

Em sua longa jornada, você enfrenta desafios com os quais já havia concordado anteriormente, e alguns que você estabelece à medida que segue. Você pode enfrentar todos eles de acordo com os desejos impulsionados pelo ego, mas, a cada vida, a maneira como você os enfrenta refletirá seu desenvolvimento rumo ao amor incondicional. No fim do caminho, você se liberta do seu corpo carnal e volta ao ponto de partida. Isso é morte. Membros da sua família espiritual, mestres e amigos esperam ansiosamente pelo seu regresso do outro lado com uma grande festa de boas-vindas.

Por um longo período, chamamos a morte de final da vida, considerando-a um acontecimento trágico, repleto de lágrimas, que deveria ser adiado por tanto tempo quanto possível.

No entanto, mesmo que nosso corpo físico se degenere, cada centelha da Fonte é eterna. Como centelhas da Fonte nosso propósito é crescer e evoluir, aprender ao longo de muitas vidas, e descobrir nossa divindade no processo de nascimento e morte.

Para ter uma morte boa, é preciso viver bem. Não podemos levar nenhum bem material de volta ao verdadeiro lar, quando deixamos este plano terreno de realidade, não importa quanto dinheiro ou títulos acumulemos. A fortuna que podemos levar para casa é o amor que doamos abnegadamente aos outros e a nós mesmos. Quando chegamos a ponto de morrer, devemos nos desapegar de tudo o que fazia parte da terceira dimensão e desencarnar com amor e gratidão.

Na virada do milênio, muitos deixarão esta terceira dimensão porque querem reencarnar e estar presentes quando a Mãe Terra mudar sua vibração, além de participar na criação da nova civilização dourada. Assim, a partida deve ser marcada pela alegria, não pela tristeza.

10

Destino e Sorte

A vida humana é predestinada? Como criadores a serviço da Fonte, temos livre-arbítrio, mas que papel isso representa e como podemos mudar nosso futuro?

Destino é o que escolhemos ao nascer, é o ambiente pelo qual optamos, e isso não pode ser mudado. Por exemplo, não posso alterar o fato de ter nascido em 1941, e ser filha única de uma família que morava numa distante cidade em Fukuoka, no Japão. As minhas condições de vida, tais como o meu corpo e meus genes, meus pais, meus irmãos, a época do meu nascimento (o começo da Segunda Guerra Mundial) são imutáveis. Elas são como fios coloridos que escolhi, a fim de urdir a trama da minha vida; contudo, o desenho que teço não está predeterminado.

Encarnar pode ser comparado a comprar um iate e sair para um longo cruzeiro marítimo. Alguns de nós estabelecem um curso muito preciso antes de começar a viagem, enquanto outros preferem a espontaneidade. A coisa mais importante a saber é que nós é que estamos no leme; não existe um piloto automático.

Sorte é tudo o que acontece no mar e no iate. Temos total liberdade para escolher quando partir, com quem velejar, em que direção viajar, e se apreciamos ou não a viagem a bordo.

Algumas vezes, as pessoas se queixam de que são vítimas das circunstâncias e negam seus papéis na criação dessas mesmas circunstâncias. Tomara essas pessoas cheguem a ver seus padrões de negação e autopiedade durante a vida, a tempo de fazer algo a respeito.

Portanto, o destino e a sorte, combinados com o livre-arbítrio e a liberdade de escolha, dão-nos oportunidade de florescer como criações únicas e esplêndidas do cosmos. Em seu amor incondicional, a Fonte nos faculta escolher se queremos viver nossa vida com sofrimento e luta ou com alegria e felicidade. O destino que escolhermos determinará se cumpriremos ou não o plano de vida que traçamos antes de nascer.

11

O Amor

O amor é a Luz da alma. Ele é a vibração e a energia da qual todas as coisas — físicas e não-físicas — são feitas. O amor é a base de todo o poder da Fonte. Ele forma os blocos de construção para a Fonte. O amor é a Fonte.

O amor se expressa em seis aspectos diferentes da vida, quando estamos encarnados fisicamente.

A primeira expressão do amor é *o amor por si mesmo*. Amamos a nós mesmos quando nos respeitamos, honramo-nos, protegemo-nos, desafiando a nós mesmos, e, o que é mais importante, também nos perdoando. Amamos a nós mesmos comprometendo-nos como centelhas únicas da Fonte de Tudo o que Existe. Muitos de nós falham em amar incondicionalmente as milagrosas criações da Fonte que nós somos.

A segunda expressão do amor é *o amor que se estende ao mundo*, a tudo o que é físico ao nosso redor. Ao irradiá-lo, nós criamos uma realidade expansiva, repleta de amor e crescimento; isso nos dá a oportunidade de viver constantemente na energia do amor.

Isso é o que o nosso planeta está tentando criar para si mesmo à medida que adapta suas energias à expansão, ao equilíbrio e à cura. Portanto, amando o nosso planeta Terra o ajudaremos a se curar. Se amarmos as criaturas que compõem nosso mundo material — as árvores, os animais ou os nossos companheiros humanos — nós os ajudaremos a se curar. Podemos amar ainda mais o nosso mundo, nestes tempos de hoje, assumindo responsabilidade por alguma parte dele, quer participando do movimento ecológico ou ajudando a criar leis que impeçam o envenenamento do nosso planeta, ou apenas dedicando algum tempo a outra pessoa que precise de um pouco de ajuda. Assumir responsabilidade por nosso mundo é expressar um amor que ultrapassa a nós mesmos.

A terceira expressão de amor é *a intimidade*. Em cada vida haverá um número de seres com os quais compartilharemos a verdadeira intimidade do casamento, da parceria ou da amizade. Com essas pessoas, tiramos nossas máscaras e nos mostramos como os seres imperfeitos, porém belos, que somos. Confiamos um no outro e nos deixamos ser vulneráveis. Comprometemo-nos com o outro. Somos ternos, íntimos, bondosos, carinhosos e compreensivos. Talvez possamos entender os modos pelos quais estamos dispostos a receber, mas também precisamos analisar os modos pelos quais estamos relutantes em receber. Aprendemos muito sobre o amor ao cultivar a intimidade com as outras pessoas.

A quarta expressão do amor é *a sexualidade*. Nem sempre fomos divididos em dois sexos; originariamente, não tínhamos sexo. Quando nossa espécie se dividiu em homens e mulheres a fim de polarizar a experiência, foi-nos dado um modo físico de reunir as duas partes em um só ser e tornarmo-nos inteiros novamente. Enquanto estamos num corpo humano, temos de aprender a integrar espiritualidade e sexualidade. Lamentavelmente, a sexualidade tem sido mal usada; as pessoas têm se concentrado em suas vibrações mais baixas e a têm manipulado para conseguir poder e controle sobre os outros.

Um dos aspectos mais prazerosos da encarnação humana é aprender como expressar a sexualidade de modos espiritualmente engrandecedores. A sexualidade é uma parte necessária da expressão humana na jornada rumo à iluminação e à ascensão, porém temos de aprender que, quando ela não está associada com a ação e a oração e, assim, se acha alçada a um nível superior de energia, ela não é engrandecedora e não traz a energia de cura do amor, que pretendíamos alcançar.

A quinta expressão do amor é *a criação dos filhos*. Em algumas culturas, as mulheres mantêm seu coração aberto dessa maneira,

40 ❧ *Amor e Esperança*

porque, quando cuidamos dos filhos e prestamos atenção às necessidades deles e ao modo como se desenvolverão mais, sentimos a mão da Fonte que modela o mundo. Sem um esforço consciente para amar os filhos e ajudá-los a se desenvolverem espiritualmente, estaremos simplesmente cuidando do crescimento físico deles. É nossa responsabilidade incluir a espiritualidade, a sexualidade e sólidos valores morais na formação dos filhos.

Estamos agora numa era em que homens e mulheres precisam se tornar seres humanos bem equilibrados para que ambos possam apreciar a tarefa de amar e proteger os jovens. Podemos ajudar cada criança a cantar a bela e única canção da sua própria alma e, assim, expressar plenamente sua própria centelha da Fonte divina.

A sexta expressão do amor é *o amor pela Fonte de Tudo o que Existe*. Trata-se do amor pelo que é maior do que nós. Um número crescente de pessoas, inclusive entre as mais voltadas para si mesmas, está aceitando a idéia de que existem seres e energias superiores a nós, seres de grande evolução espiritual, de luz mais intensa ou com missões maiores.

Muitos de nós estão desligados das energias da própria alma, das energias do reino angélico, das energias daqueles que estão em dimensões mais elevadas — de todos os nossos amigos invisíveis. Mas agora está na hora dessa parte do nosso amor se expandir. Através do amor pelos que estão mais adiantados em seu desenvolvimento espiritual, recuperamos a capacidade de abrir o nosso coração. Então podemos elevar nossas vibrações até alturas inacreditáveis e concentrar a energia do amor do espírito para criar milagres por toda a Terra.

Temos de nos ligar de novo ao nosso amor pela Fonte, porque, sem isso, a separação, o isolamento e a alienação que estão se alastrando pela Terra continuarão a provocar muita negatividade e conflito.

Agora podemos acelerar o desenvolvimento de uma qualidade anímica do amor incondicional, concentrando-nos nessas seis expressões principais do amor. Podemos começar avaliando nosso desempenho em cada uma dessas categorias.

O amor é a principal qualidade da alma a ser adotada se quisermos superar a necessidade de reencarnar.

12

Compaixão e Misericórdia

A qualidade espiritual da compaixão é uma vibração muito particular dentro da energia do amor. A compaixão é o amor nascido do pesar. Aqueles que não sentiram pesar não podem sentir, expressar ou incorporar a compaixão. Portanto, em sua longa jornada, a alma opta por incluir o sentimento do pesar em sua experiência. O pesar é o sentimento de melancolia, de perda e de remorso autêntico, diante de circunstâncias que não podem ser alteradas nem resolvidas facilmente. Essa dor faz parte da vida de todas as almas em evolução.

O bem oculto no pesar é a qualidade espiritual da compaixão que esse sentimento estimula. Se tivermos nosso quinhão de compaixão, não diremos: — Você perdeu seu filho, porém lhe restam mais três. — Em vez disso, talvez digamos: — Você perdeu seu filho. Meu coração sofre com o seu.

A misericórdia é a compaixão em ação. A misericórdia se irradia com grande amor e coloca as mãos da cura sobre um coração atormentado. A misericórdia traz a esperança. Não podemos aprender a ter compaixão e misericórdia a menos que tenhamos passado por períodos difíceis nesta vida ou em vidas passadas.

Na verdade, muitos homens ilustres da história demonstraram serenidade e agiram com compaixão e misericórdia. Se você está passando por uma etapa dolorosa agora, lembre-se de que também optou por isso para que pudesse desenvolver a compaixão e a misericórdia. Que você seja abençoado pela sua coragem.

13

Fé e Responsabilidade

*M*uitos de nós vêem a felicidade e a tragédia como momentâneas, por isso acreditamos em soluções "paliativas", que esperamos aliviarão temporariamente a dor. Em vez disso, temos de depositar nossa fé na Fonte, no Divino Poder que nos vê exatamente como somos, que enxerga nossa luta e que nos ama mais do que algum dia saberemos. Precisamos ter fé nas possibilidades novas e mais amplas, e na nossa capacidade de criar, com a energia da Fonte, um mundo, uma vida e uma realidade melhores em todas as dimensões.

Alguns poderão dizer: — Acredito piamente que os meus guias espirituais me dirão o que fazer e se eu devo ou não fazer determinada coisa. Porém, já esperei muito tempo e ainda não recebi nenhuma mensagem, portanto, não sei o que fazer. Essas pessoas preferem não assumir responsabilidades porque, como centelhas divinas da Fonte, em seu coração, elas *sabem* em algum nível como proceder na vida com amor incondicional. Quando iniciamos a nossa jornada na fé — mas sem conhecer todos os detalhes — somos guiados a cada passo do caminho, se pedirmos ajuda. Cada um de nós tem de desenvolver a comunicação com seu próprio Eu Superconsciente por meio do coração; no entanto, depois de conhecida nossa missão — ou expressão única de Amor Divino —, temos de colocá-la em prática.

44 ⚘ *Amor e Esperança*

Diz-se que Deus ajuda os que ajudam a si mesmos; no entanto, nós temos de tomar a iniciativa de pedir auxílio. Em seguida, precisamos de comprometimento, devoção e, o que é mais importante, de coragem para assumirmos nossa responsabilidade. Assim que começarmos a realizar a nossa missão, muitos acontecimentos milagrosos acontecerão à nossa volta para nos mostrar que nossa fé foi a luz que nos orientou.

14

A Humildade

Nasci e fui criada no Japão, numa cultura em que a humildade é a virtude mais importante. Por humildade, no entanto, não quero dizer rastejar atrás de um guru, professor ou líder dizendo: — Oh, não sou ninguém. — Essa não é a humildade autêntica. A humildade não o considera menos ou mais digno do que os outros. Ela simplesmente não considera nada, não julga.

Quando sentimos que a vida está tão difícil que parece impossível continuar, a humildade nos deixa ver que há um modo de mudar a situação. A humildade nos permite ver que amanhã pode ser um dia diferente, um dia repleto de possibilidades e que o passado não deve controlar o presente. O único ponto de poder — o momento em que nos é viável mudar alguma coisa — é o presente. Podemos desassociar quem somos hoje de quem fomos no passado, se desenvolvermos a humildade verdadeira em nosso coração.

A humildade abre um mundo de possibilidades. À luz da possibilidade não existe nada que não possamos fazer. Podemos criar com a Fonte experiências maravilhosas e milagrosas quando optamos por fazer isso conscientemente e chamamos os anjos, guias e a Fonte de Tudo o que Existe. A Fonte sempre responde quando é chamada. Os seres que resolveram não continuar na matéria fizeram um acordo de atender aos que os chamarem. Eles nos ajuda-

46 ～～～ *Amor e Esperança*

rão à medida que estivermos dispostos a receber a ajuda deles, e fazem isso sem julgamentos, mas com amor incondicional.

Procure não impor limitações a si mesmo porque você tem toda a ajuda de que precisa para executar a tarefa que tem em mãos. Tudo o que precisa fazer é pedir. Na verdade, os seres das dimensões mais elevadas esperaram muito tempo para serem chamados. Eles estão prontos a ajudar qualquer pessoa que precise deles — indivíduos, famílias, governos e até mesmo empresas.

15

A Cura

Ao contrário da crença generalizada de que somos constituídos apenas do corpo físico, somos na verdade centelhas da Fonte que vestem "trajes" terrenos. Nossas roupagens terrenas são feitas de várias camadas. São elas: o corpo físico, o corpo emocional, o corpo mental, o corpo etérico e o corpo causal. Esses corpos podem ser danificados ou adoecer por várias razões.

Em primeiro lugar, pensamentos negativos e traumas emocionais fazem essas camadas ou corpos entrar em desequilíbrio, o que acarreta doenças. Por exemplo, a medicina oriental explica que a raiva é armazenada no fígado e o medo nos rins, e que todas as partes do corpo são afetadas pelos pensamentos e emoções. Quando os pensamentos negativos se manifestam fisicamente, vemos os sintomas da doença. Quando estamos felizes, saudáveis e equilibrados é sinal de que os vários corpos estão em perfeita harmonia.

Em segundo lugar, a doença é uma parte do processo total de cura. Vivemos numerosas vidas para conhecer cada aspecto da existência humana na Terra. A cada morte, levamos conosco assuntos não resolvidos e sofrimento no corpo etérico. Quando a vida adequada à cura chegar, manifestaremos condições ou sintomas semelhantes para podermos lidar com esses assuntos e nos livrar deles.

Em terceiro lugar, algumas vezes usamos mal o corpo ou abusamos dele e, quando negligenciamos os cuidados com o corpo,

48 ⚜ *Amor e Esperança*

partes dele podem parar de funcionar adequadamente. A fadiga, o *stress*, as drogas, o álcool e o fumo provocam uma separação entre os corpos. A energia negativa pode então penetrar nesses espaços vazios e passar a controlar esses corpos provocando doenças mentais.

Em quarto lugar, algumas vezes as experiências pelas quais resolvemos passar, com a finalidade de evoluir espiritualmente, implicam optar por nascer num corpo defeituoso ou atacado por doenças. Nesses casos, o estado não se modificará, e se curar significa aprender a aceitar essa condição, valorizando o que há de bom dentro de si mesmo e continuando a viver com alegria. Esse fato também dá àqueles que nos cercam a oportunidade de sentir compaixão e misericórdia.

O melhor modo de se curar é viver com o pensamento positivo e com senso de humor. Se for necessário procurar ajuda, escolha médicos nas tradições da medicina ocidental ou oriental. Existem muitas técnicas de cura: quiroprática, acupuntura, trabalho com energias, ervas, cores, sons, essências e assim por diante. Escolha o que for mais indicado para o seu caso.

A oração e a meditação são essenciais porque evocam as energias curativas cósmicas do universo. Essas energias são um dom de cura provindo da Fonte e vêm em nosso auxílio sempre que evocadas.

Esquecemos de que todos nós temos poderes de cura. Os médicos, os agentes de cura e as substâncias terapêuticas existem para ajudar a aumentar nosso poder inato de cura. Podemos desenvolver nosso poder de cura e ajudar os outros a fazer o mesmo, para que assim cada pessoa possa curar a si própria. Também podemos ajudar a curar o reino vegetal, o reino animal e a nossa amada Mãe Terra, por meio de nossos pensamentos e ações.

Sempre que me pedem para fazer uma sessão de cura, eu invoco a presença do meu Eu Superconsciente e do Eu Superconsciente da outra pessoa, e peço permissão para realizar a cura. Quando tenho permissão, peço à Fonte: — Por favor, use-me como um canal de energia cósmica de cura de modo que ela possa atuar por mim para o mais elevado crescimento espiritual desta pessoa. Em seguida entro em estado de meditação profunda e entrego totalmente a sessão às mãos da Fonte.

É da maior importância que a cura integre todos os métodos disponíveis que existem na Terra. Os médicos e agentes de cura precisam abrir o coração e estar dispostos a aprender uns com os outros a ajudar-se mutuamente, para assim cooperar com a recuperação da saúde de todos os que vivem na Terra.

16

Os Alimentos e a Dieta

Temos de lembrar o quanto nossa saúde física, mental, emocional e espiritual está relacionada com o que comemos. Um antigo ditado chinês ensina que alimento e remédio são uma coisa só. A fim de manter a saúde, devemos ingerir alimentos frescos, cultivados organicamente. Felizmente, os agricultores da Flórida descobriram que podem cultivar frutas e vegetais orgânicos com tanta economia quanto se os cultivassem usando agrotóxicos. Espero que todos os agricultores passem a cultivar organicamente. Os peixes e frutos do mar devem estar inteiramente isentos de contaminação; da mesma forma, temos de procurar carne que não tenha sido contaminada por hormônios de crescimento e antibióticos. A água limpa também é muito importante. Devemos evitar todos os poluentes, aditivos e outras substâncias nocivas.

Não existe só um tipo de alimentação correta. Quando ocorrem complicações, é indispensável procurar a orientação de um nutricionista. Especialmente nos últimos cinco anos, muitos de nós têm tido náuseas, dores de cabeça, dores nas costas, zumbido nos ouvidos, perda de memória, fadiga e assim por diante, provocados pela mudança vibracional da Mãe Terra.

Os Alimentos e a Dieta ～⊛～ **51**

Quero partilhar algumas sugestões que recebi dos médicos:

- Uma colher de chá de açúcar refinado torna o sistema imunológico mais lento durante meia hora, portanto, eu uso mel, xarope de bordo, melaço ou suco de frutas.
- Tome água destilada com limão em vez de chá, café e bebidas alcoólicas, especialmente quando estiver purificando o organismo e em processo de cura.
- Evite comer carne vermelha, farinha e arroz brancos, substituindo-os por peixe, feijão e grãos integrais.

Por cerca de um ano, mantive uma alimentação estritamente vegetariana e jejuei por alguns dias, em semanas alternadas. Então fiquei com artrite: assim, meu nutricionista me aconselhou a evitar vegetais como berinjela, tomates, batatas e pimentões. Lamentei, pois gosto desses vegetais, mas três anos depois, minha artrite desapareceu completamente. Agora tenho uma alimentação basicamente vegetariana que inclui alguns frutos do mar, ovos e iogurte.

O mais importante de tudo é que precisamos desenvolver a capacidade de ouvir a orientação dada por nosso próprio corpo. A saúde em geral se deve ao fato de estarmos livres de apego às realidades terrenas, fazendo refeições equilibradas e aproveitando a vida diária a despeito do que ela possa nos trazer. O riso é a chave para mantermos a saúde. Vamos rir diante de nossos dramas cósmicos!

17

Prece e Meditação

Nós nos esquecemos temporariamente de que todos somos centelhas divinas da Fonte. Quando perdemos isso de vista, só nos resta o receptáculo físico em que vivemos. Então achamos que estamos separados dos outros porque temos corpos físicos diferentes. Não temos consciência de que todos nós estamos ligados na Luz e que somos um na Fonte.

Imagine que o cosmos é uma mão e cada dedo é uma corporificação de energia cósmica. A ponta do dedo pode não enxergar a ligação que tem com os outros. Quando os governos declaram guerra e celebram vitórias, é como se o polegar tivesse destruído o dedo mínimo e celebrasse a destruição dele.

Seres extremamente evoluídos que se ofereceram como voluntários para encarnar na Terra criaram preces para que pudéssemos pedir ajuda, orientação e cura. No entanto, como a lei universal nos garante o livre-arbítrio, e os nossos guias têm de respeitar essa lei, eles não têm permissão para ajudar, a não ser que, através de orações, nós peçamos para fazer exatamente isso.

Podemos dirigir nossas preces a qualquer ser de nossa preferência, desde a Fonte, a Presença Eu Sou, a Consciência Cósmica, Deus, os fundadores da religião e outro ser qualquer com quem tenhamos uma ligação especial. Ou você pode fazer preces para muitos seres, porque eles todos trabalham juntos como uma úni-

Prece e Meditação ⚜ **53**

ca consciência cósmica. Nossos guias, espíritos de antepassados e mestres esperaram milhares de anos para que nós os reconhecêssemos e lhes pedíssemos ajuda. Portanto, eles ficam extremamente felizes ao ouvir nossas preces.

Podemos pedir a ajuda deles quando estivermos em dificuldades ou apenas para que possamos nos desenvolver espiritualmente. Também podemos expressar gratidão e reconhecimento em nossa oração. Não temos dúvida de que toda oração sincera será ouvida.

Muitas vezes, recebemos as respostas às nossas preces durante a meditação, quando sintonizamos nossas vibrações inferiores com aquelas das dimensões elevadas mais sutis. É nosso momento para deixarmos de lado as preocupações diárias, aquietarmos nossas mentes e abrirmos nosso coração.

Nos seres humanos existe um canal de energia luminosa mais elevada que se estende através de um tubo etérico a partir do alto da cabeça até a base da coluna. Infelizmente, bloqueamos esse canal com muitos pensamentos negativos, raiva, tristeza, desespero, ansiedade, vingança, ciúme, ambição, desejo de controle e apegos de todos os tipos às realidades tridimensionais. Durante a meditação, podemos deixar de lado toda negatividade que bloqueia o tubo etérico. Quando ele está completamente aberto e desobstruído, podemos nos tornar puros canais de energia cósmica e enviar energia de cura para nós mesmos, para as outras pessoas, para a Mãe Terra e para o universo.

A Fonte designou este método simples para voltar à Luz; ele é de fácil execução se pudermos nos livrar de toda a negatividade. A Fonte nos dá toda ajuda possível e amor para que possamos retornar à Luz, mas cabe a nós pedir essa ajuda. Quando começamos a incorporar a oração e a meditação à nossa vida diária, nós nos unimos imediatamente com a energia da Fonte.

Meditação é...

... o período magnífico em que nos fundimos com a Luz Cósmica.

... o tempo esplêndido quando somos banhados pela energia cósmica do amor e da sabedoria, e pelo poder divino do encanto.

... a hora gratificante em que recebemos orientação para a vida.

54 ❧ *Amor e Esperança*

... o tempo de graça em que somos saudados, abraçados e acariciados pelos braços da Fonte.

... a hora terapêutica em que a Energia Universal, nossa Mãe Terra, nosso universo e todo o cosmos nos ajudam a restaurar nosso verdadeiro eu.

18

Como Meditar

Existem muitos livros sobre meditação. Acredito que sejam todos adequados e bons, pois não existe só um método certo. O que funcionar melhor será o método certo para *você*. Faça o que for mais fácil e cômodo no que diz respeito a ajudá-lo a unir-se à energia do amor incondicional, à sabedoria divina e ao poder divino da Fonte.

Meu método, embora simples, permite que eu dê um salto quântico rumo à energia da Fonte:

1. Deixe à mão caneta e papel em seu local de meditação, para anotar as mensagens que lhe podem vir do coração. Seus guias talvez usem essa forma para se comunicar diretamente com você. (Você acabará conseguindo receber mensagens sem que precise escrever.) Portanto, as mensagens são dadas por meio de imagens, cores, fragrâncias, luzes, vozes silenciosas, tinido nos ouvidos, telepatia, conhecimento interior, sonhos, impulsos energéticos no corpo e através de livros e informações de outras pessoas.

2. Comece meditando pelo maior tempo possível. Posteriormente, tente aumentar o tempo para ao menos uma hora, todos os dias no mesmo horário.

3. Use roupas confortáveis.

4. Escolha um aposento em que haja privacidade e silêncio.

56 ~~~ *Amor e Esperança*

Use música, flores, velas, incenso e cristais, se isso o ajudar a se concentrar.

5. Sente-se na posição de lótus se você achar confortável; caso contrário, sente-se numa cadeira, com os joelhos separados, os pés no chão e a coluna ereta, para que a energia lhe possa fluir livremente pelo corpo. Coloque as mãos sobre as coxas, com as palmas voltadas para cima.

6. Feche os olhos devagar. Lenta e regularmente, respire profundamente pelo nariz, empurrando o abdômen para dentro e para fora. Estabeleça um ritmo respiratório confortável.

7. Relaxe todo o corpo. Visualize o *stress* e a tensão saindo pela sua cabeça, garganta, ombros, peito, abdômen, coxas, joelhos, pernas e pés. Libere toda energia negativa e peça para que ela seja transformada em Luz.

8. Peça que seu Eu Superconsciente esteja presente. Em seguida, solicite a presença da Fonte e de outros guias, anjos e seres que você gostaria de ter ao seu redor.

9. Envolva todo seu corpo e seus campos energéticos com camadas de Luz; primeiro, com uma chama violeta, que ajuda a transmutar energia negativa; em segundo lugar, com uma Luz branca e dourada, que é a Luz da Fonte do centro do universo; em terceiro lugar, com a Luz azul, que protege você e lhe dá poder divino.

10. Imagine que uma luz branca e dourada está se movendo através do tubo etérico na sua coluna, do alto da cabeça até a base da coluna. Envie essa Luz para o centro da Mãe Terra, e depois traga-a de volta de lá, fazendo-a fluir através da coluna e sair pelo alto da cabeça. Deixe-a circular ao longo do caminho. Se você tiver dificuldade para visualizar, peça que a Luz gire do coração do universo através da sua coluna até o centro da Mãe Terra e então volte. Esse processo o ajudará a curar não só a si mesmo, mas também à Mãe Terra e a todo o universo.

11. Comece por rever as pessoas a quem você magoou. Peça desculpas a cada uma delas e perdoe a si mesmo. Então, pense nas pessoas que feriram você e perdoe-as. Perdoar significa liberar-se de resíduos de energia negativa; não significa perdoar o comportamento delas. Perdoe essas pessoas e envie amor a todas elas. En-

volva-as na Luz verde da cura e depois na Luz rosa do amor incondicional e do perdão. Em seguida providencie cura para todos os envolvidos, incluindo a Mãe Terra e o cosmos como um todo. Mesmo que você se esqueça dos detalhes, apenas o ato de pedir com a intenção de curar e ser curado é suficiente.

Quando você começar a meditar, talvez sinta certa tensão ao redor da cabeça e sensações fortes em outras partes do corpo. Pode sentir uma pulsação na fronte, impulsos elétricos fluindo pelo corpo, ou lágrimas correndo dos seus olhos sem motivo aparente. Esses e outros sintomas acontecem porque você está aberto às vibrações mais elevadas e à cura. Alguns desses fenômenos são comunicações de seus guias e mestres. Se você sentir mal-estar ou fadiga, beba bastante água e descanse tanto quanto possível.

Para acelerar o processo de cura, você pode conseguir ajuda de muitos tipos de profissionais que trabalham de forma holística. Se possível, consulte um nutricionista. Finalmente, o seu corpo lhe dirá o que ele precisa.

O VALOR DA MEDITAÇÃO

Através da meditação, podemos nos curar das lembranças do passado, do desespero e da luta desta vida e das vidas passadas. Com o tempo, nós nos sentiremos saudáveis e revitalizados. Também nos lembraremos de quem somos e de quem os outros são. Estaremos equilibrados durante todo o tempo, de modo que não seremos mais influenciados pelos outros. Reconquistaremos nosso poder divino e assim ninguém nos poderá controlar mais. Ao mesmo tempo, aprenderemos a respeitar os outros e suas escolhas de vida, portanto, pararemos de julgá-los; seremos tolerantes e compreensivos quanto aos dramas que eles criarem, bem como com aqueles que nós mesmos criarmos.

Nós nos lembraremos de que estamos aqui para ajudar a criar o céu na Terra, com nossas famílias espirituais e com outros seres de dimensões mais elevadas. Nós passaremos a ser otimistas, e isso atrairá os que se assemelham a nós; e, portanto, um anel de luz

58 ~~~ *Amor e Esperança*

se estenderá ao redor do mundo. Quando estivermos prontos para servir, nosso Eu Superior nos guiará rumo à nossa missão.

A quinta dimensão está aberta a todos os que praticam o amor incondicional e vivem com base nesse amor. Qualquer um pode passar por essa entrada; a chave é o amor incondicional.

Jesus disse: — Quando dois ou mais de vós vos reunirdes em meu nome, Eu estarei convosco.

Quando meditamos com outras pessoas, nós nos tornamos meios ainda eficazes para a Luz e a energia de cura. A meditação é um modo bom de servir aos outros e ao planeta. Todos podemos fazer isso.

Meditar nos dá a oportunidade de reconhecer conscientemente a presença de nossos mestres e guias não-materiais. Sempre recebemos a orientação mais apropriada para nossa evolução. É uma alegria presenciar milagres que provam a existência de muitas outras entidades, invisíveis e amorosas, cuidando de nós.

19

Como Materializar Nossos Sonhos

Quando sentimos que a vida anda difícil, que estamos infelizes e que parece não haver saída, será possível modificá-la e ter, então, uma vida alegre e satisfatória? Certamente. E para isso não é necessária uma técnica ou um treinamento especial. Simplesmente faça uso das quatro sugestões seguintes:

Opte por modificar sua vida. Afirme em voz alta: "Eu sou capaz de fazer tudo, porque sou uma centelha da Fonte de Tudo o que Existe, encarnada num corpo humano." Falar em voz alta é a chave para lembrar e exigir seu direito de criar sua realidade junto com seus parceiros divinos.

Ao rezar, peça orientação e ajuda das legiões de Luz das dimensões mais elevadas, e esteja aberto para receber essa ajuda por meio da meditação.

Visualize com pormenores a realidade que você quer para si. Se a visualização for difícil, anote seus desejos ou expresse-os em voz alta.

Dedique toda sua energia à criação da realidade desejada com amor, sabedoria e coragem. Prometa escolher toda opção que leve a esse objetivo.

Em duas semanas, começará a se manifestar uma mudança positiva. À medida que a vibração da Mãe Terra se acelera, a manifestação se torna cada vez mais rápida; portanto é fundamental que

60 〰️ *Amor e Esperança*

prestemos atenção ao que pensamos e desejamos porque uma realidade negativa pode se manifestar tão facilmente quanto uma realidade positiva. Desde o início do cosmos, a energia do pensamento é a chave para a manifestação.

Quando aceitamos o fato de que também somos responsáveis pela criação da nossa realidade, juntamente com o nosso Eu Superconsciente, podemos transcender as limitações humanas. Então, os milagres acontecem em nossa vida diária. Mesmo que os milagres não sejam tão surpreendentes quanto o de Moisés, partindo ao meio as águas do Mar Vermelho, descobrimos que nossos pedidos por cura ou por fartura foram concedidos de um modo mais apropriado para a evolução da nossa alma.

Diariamente, opto por ver o mundo como algo bom, terno, delicado, seguro, simples e próspero, portanto, a minha realidade se manifesta como tal. Se eu enxergar o mundo como algo frio, severo, perigoso, difícil e assolado pela pobreza, essa será a minha realidade.

Todos somos capazes de criar flores belas e únicas no jardim cósmico.

20

O Futuro da Terra

Como seres humanos, não podemos entender a grandeza deste imenso cosmos. Os sentidos humanos só conseguem captar alguns tipos específicos de informação e são limitados demais para perceber a estrutura complexa do universo ou de realmente compreender que não existe começo nem fim na infinidade das dimensões.

O nosso universo progride através de seus estágios de evolução, em ciclos que duram milhares de anos. O menor e o mais importante ciclo de mudança para a Mãe Terra é de cerca de dois mil anos, e nos permite apreciar vários estágios de civilização. Por exemplo, a Era de Peixes agora está dando lugar à Era de Aquário. Isso significa que um período de 2.000 anos, em que vigoravam vários ensinamentos baseados na fé cega e na aceitação, está sendo substituído por um tempo de encontro direto e pessoal com a Verdade oculta em todas as verdades.

À medida que nosso sistema solar, incluindo a Mãe Terra, se move para o próximo ciclo, nós teremos novas experiências. A mudança que está prestes a acontecer na Mãe Terra será diferente de tudo o que existe na lembrança do ser humano, porque a vibração da Mãe Terra irá modificar a sua vibração da terceira para a quinta dimensão. Ela irá ascender. Aqueles que ascenderem junto com a Mãe Terra terão uma grande oportunidade de ajudar a criar

62 ~ *Amor e Esperança*

uma civilização dourada na quinta dimensão. E assim que vivermos globalmente em paz e harmonia, seremos bem-vindos como membros da comunidade galáctica.

21

Os Movimentos da Terra

No decorrer da série de mudanças terrestres que vêm ocorrendo, a Terra tem mudado sua vibração da terceira para a quinta dimensão. Ela precisa receber energia das dimensões superiores a fim de fazer essa mudança; e, para receber essa energia, precisa abrir seus portais energéticos. Muitos desses portais estão em zonas sujeitas a abalos sísmicos. Elas estão no Chile, na Califórnia, no Havaí, no Japão e nas Filipinas, na Indonésia, na Índia e na Europa. Os terremotos não são um castigo; é apenas a Mãe Terra curando a si mesma.

Uma pergunta que me fazem com freqüência é por que tantas pessoas morreram no terremoto Kobe de janeiro de 1995. Algumas pessoas se apresentaram como voluntárias para estar em Kobe naquela ocasião por gratidão à Mãe Terra pelo seu longo e difícil serviço à humanidade. Optaram por tornar-se canais às energias mais elevadas, para ajudar a abrir os portais energéticos; "Kobe" significa "Porta de Deus". Naturalmente, naquele tempo, ninguém entre os que morreram tinha consciência do que estava fazendo.

Outras pessoas mortas haviam completado a experiência de vida na Terra que haviam planejado antes do nascimento e estavam prontas a se despir dos seus trajes carnais. Outras divergiram de seus primeiros intentos, e seus próprios Eus Superconscientes decidiram resgatá-las.

64 ~~~~ *Amor e Esperança*

Os sobreviventes do terremoto de Kobe são almas corajosas que na encarnação humana escolheram ser faróis que brilhariam para os que foram afetados física, mental e emocionalmente pelo terremoto. Optaram por ajudar as vítimas a se recuperar de suas experiências traumáticas e a recobrar a coragem de continuar vivendo.

Por último, qualquer grande desastre leva o resto do mundo a se perguntar: "O que cada um de nós pode fazer para expressar amor por essas vítimas?" Essa compaixão é fundamental porque ninguém sabe onde poderá ocorrer o próximo grande terremoto ou catástrofe da natureza.

Já tivemos seis grandes movimentos de reestruturação no planeta. O próximo, o sétimo, requer trabalho coletivo e a cooperação entre os homens e seres mais evoluídos de outras dimensões. Temos de estar conscientes das entidades altamente evoluídas, imateriais que trabalharam para reestruturar os campos eletromagnéticos e as grades lineares da Terra, para que ela possa paulatinamente transformar suas energias em freqüências mais altas. Em nossa percepção limitada, chamamos essas entidades de deuses, deusas, mestres ascensionados, extraterrestres, anjos, guias e assim por diante; mas, na realidade, são uma única energia unificada. O trabalho coletivo e conjunto dos homens e dessas entidades mudou as profecias de devastação apocalíptica mundial para um futuro com movimentos geológicos mais suaves e menos bruscos.

Por exemplo, se a consciência humana se elevar e nós pararmos de destruir a Mãe Terra, os terremotos serão transferidos de cidades populosas para territórios marítimos, e não será necessária uma limpeza por meio de tempestades e inundações. Na verdade, a consciência humana pode transformar os grandes terremotos e os grandes desastres em mudanças brandas de energia que ajudam os portais de energia a se abrir.

Temos total liberdade para escolher nosso caminho na vida e o modo de fazer essa jornada. Planejamos enigmas e surpresas, desastres e infelicidades, bem como alegrias e aventuras. Por que fazemos isso? Fazemos isso para tornar a jornada interessante e para aprender com nossas reações. Por exemplo, suponha que alguém ofenda ou insulte você. Você paga com a mesma moeda, respondendo com outra ofensa, ou "oferece a outra face", como o mestre certa vez recomendou? Não receberemos fardos que não possamos carregar, se nós integrarmos nosso Eu Superconsciente e criarmos milagres junto com o cosmos. As entidades não-materiais e o nosso Eu Superconsciente podem nos dar toda orientação de que precisamos. Basta pedir.

22

Extraterrestres e Seres Humanos

Inúmeras centelhas da Luz se irradiaram da Fonte de Tudo o que Existe e partiram para muitos lugares diferentes. Algumas centelhas foram a Vênus e vestiram corpos apropriados à experiência venusiana de vida. Outras foram para Sírius. Nós escolhemos vir à Terra. Vestimos nossos trajes terrenos mais apropriados — os corpos físicos — para essa experiência e, assim, tornamo-nos seres humanos. Somos entidades cósmicas, aos olhos dos venusianos e dos habitantes de Sírius. E embora estejamos vivendo agora na Terra, tivemos muitas vidas em vários planetas, universos e tipos diferentes de corpos.

Existe um número infinito de escolas e de arenas. Muitos tipos diferentes de entidades cósmicas vivem em seu próprio nível de evolução. Assim como encontramos muitos tipos de seres humanos, existem também muitos tipos de seres cósmicos. Alguns têm corpos semelhantes aos dos humanos, outros não. Alguns têm uma tecnologia extremamente avançada. Alguns desenvolveram profunda sensibilidade artística e outros evoluíram tornando-se seres extremamente espiritualizados. Existe uma enorme variedade na vida do cosmos. Infelizmente, os que são demasiadamente desenvolvidos tecnologicamente nem sempre têm a mesma evolução espiritual. (Isso vale não só para nós na Terra, mas também para os que vivem em outras partes do cosmos.)

Ao longo do século XXI, o comércio e os negócios intereste-
lares tornar-se-ão realidade. No entanto, primeiro teremos de elevar nossas vibrações de forma que possamos entrar em contato
com nossos amigos galácticos mais evoluídos.

23

A Ascensão

A palavra ascender significa "escalar ou subir para chegar a um grau ou nível mais elevado: significa caminhar rumo à Fonte ou à origem". O sistema solar inteiro, incluindo a Mãe Terra e todos os seres sobre sua superfície, estão elevando suas vibrações da terceira para a quinta dimensão. (A quarta dimensão, ou o assim chamado "plano astral", é apenas uma fase de transição através da qual nós nos moveremos com relativa rapidez.) Esse conhecimento foi predito por muitos mestres na história da humanidade. Por exemplo, no Japão, Koshinto ensina a nos purificarmos, a tornar-nos um com Deus e a subir ao Takamagahara, o local de encontro de Deus. Buda nos ensina que, enquanto estamos na carne, podemos atingir o "estado de Buda" e chegar ao Nirvana. E o objetivo dos cristãos é morrer sem pecado e ir para o Céu para estar com o seu Deus.

Há dois mil anos, Jesus demonstrou como elevar-se espiritualmente, vivendo uma vida de amor incondicional. A história do Cristianismo nos conta que Ele foi crucificado e ressuscitou; e que, então, ascendeu ao Céu. No Judaísmo, a Estrela de Davi simboliza a ascensão, ao descrever as vibrações humanas subindo e fundindo-se com as vibrações superiores de Deus. No Japão, símbolos semelhantes são encontrados em relicários por toda a parte. No Egito, na Índia e nos Estados Unidos têm sido feitas muitas profecias so-

A *Ascensão* **69**

bre a chegada desse grande evento cósmico e a subseqüente era dourada.

Por milhares de anos temos nos preparado para a ascensão. O drama da ascensão faz parte do plano cósmico, e grandes mestres têm fomentado o sonho humano de uma civilização celestial na Terra. Àqueles que optarem por não ascender, será designado um planeta tridimensional perfeito no qual desempenhar sua individualidade em todos os aspectos. Eles estão escolhendo o caminho perfeito para si dessa vez.

Este sistema solar está para completar um ciclo e passar da Era de Peixes para a Era de Aquário. A Mãe Terra já passou por seis grandes mudanças e por seis civilizações douradas sobre a sua superfície. Estamos para iniciar a sétima era dourada, uma nova civilização global, um Céu na Terra. Os reinos mineral, vegetal, animal e humano mudarão suas freqüências. À medida que nossas vibrações se elevarem, nós nos fundiremos com nosso Eu Superconsciente, que é um belo corpo luminoso, e nossa luz se irradiará através do nosso corpo.

O sistema solar já está sendo afetado pela energia dos fótons, que ajuda o planeta e seus habitantes a elevar suas vibrações. A Mãe Terra será capaz de mudar toda sua vibração sem que para isso seja preciso a extrema destruição, a devastação e a inversão dos pólos previstos. Também me disseram que o futuro está em nossas mãos: podemos elevar nossa consciência e testemunhar as mudanças brandas ou continuar estagnados na negatividade e no sofrimento. Nossas escolhas são competir e destruir o outro ou cooperar e respeitá-lo, criando assim uma família pacífica e rica.

Esse grande acontecimento cósmico não pode ser realizado só pelos seres humanos ou pelos que estão nas dimensões superiores. Somente teremos sucesso quando aprendermos a trabalhar juntos, superando nossas diferenças. Também precisamos nos fundir com nosso Eu Superconsciente e criar juntamente com a consciência cósmica mais elevada.

24

As Condições para a Ascensão

A Mãe Terra ou Gaia, os reinos mineral, vegetal e animal e os seres que pertencem ao reino subterrâneo passarão para a quinta dimensão incondicionalmente.

Quanto aos seres humanos, crianças e adultos, que estão protegidos pelos guardiães, ascenderão incondicionalmente se quiserem fazer isso. Os adultos que optarem livremente por passar à quinta dimensão e que satisfaçam determinadas condições também ascenderão:

1. É preciso que sintamos amor incondicional por todas as formas de vida, visto que tudo o que existe é parte da Fonte. Temos de aprender a amar o todo, o qual, naturalmente, inclui você e eu.

2. É preciso que mantenhamos unicamente pensamentos positivos pelos outros e por nós mesmos e que aceitemos as diferenças entre nós, como raça, cultura e religião. Temos de perdoar em vez de culpar, e temos de procurar não fazer julgamentos. Por exemplo, não devemos executar nem mesmo aqueles que cometeram erros terríveis porque enfrentaram desafios difíceis. Temos de aprender a ter paciência ilimitada. Se escolhermos mudar para a quinta dimensão, devemos aprender a transformar todos nossos pensamentos negativos e destrutivos em pensamentos positivos. A ascensão não é um acontecimento momentâneo. Passar para a quinta

As Condições para a Ascensão ~~~ **71**

dimensão é um processo longo e lento que envolve eliminar e liberar toda a negatividade que acumulamos durante muitos milênios.

3. É preciso que vivamos no momento, embora desapegados das ilusões tridimensionais. Nossa realidade nos dá riqueza material, *status* social e todos os relacionamentos humanos necessários para as experiências no tempo linear. Estamos para deixar a realidade desta terceira dimensão e mudar para a quinta. Se estivermos apegados à realidade da terceira dimensão, ela será a nossa escolha. Temos de deixar de lado esse apego se quisermos ir para a quinta dimensão.

4. É preciso que aproveitemos todos os momentos da vida. Temos de ser criativos e desenvolver nosso senso de humor. Sempre que sistemas de valor mudam, nossas realidades parecem caóticas, confusas e difíceis. Portanto, procure rir alto tantas vezes quanto puder todos os dias, porque esta escola terrena não é apenas um lugar de aprendizado, mas também um lugar de alegria. A vibração de uma risada feliz está próxima à vibração da Fonte de Tudo o que Existe.

5. É preciso que tenhamos discernimento em nosso caminho para a iluminação.

Não se espera que abandonemos todos os nossos bens materiais e nosso *status* social e que vivamos numa caverna, meditando. Todos nós já fizemos isso em vidas passadas há milhares de anos. O que se exige agora é que cada um de nós respeite a realidade que escolheu como caminho, quer seja dona de casa, médico, negociante, político ou padre. Temos de lembrar que, antes de nascer, escolhemos o roteiro perfeito de vida para equilibrar nossa energia. Em nossa vida cotidiana, podemos reconhecer e concentrar energia positiva por tudo o que tivermos criado.

O que dizer sobre os que optaram por nascer numa parte remota do mundo e nada sabem sobre movimento cósmico, mudanças na Terra ou ascensão por não ter acesso a livros, à televisão ou a jornais? Eles podem ir para a quinta dimensão? Se eles respeitarem a terra, apreciarem o que cultivaram e forem gentis com a família e com os amigos, eles ascenderão mesmo sem compreender o que estão fazendo.

A ascensão não será difícil se praticarmos a humildade, se for-

72 ❧ *Amor e Esperança*

mos gentis com os outros, se vivermos em harmonia e estivermos livres de apego ao mundo material. Ao mesmo tempo, os que conhecem tudo sobre o cosmos, os movimentos da Terra e a ascensão, os que pregam na televisão ou escrevem livros não ascenderão se não cooperarem com os outros, se esquecerem a humildade e abusarem do instrumento que receberam para cumprir sua missão.

Você pode estar imaginando qual será de fato sua missão. Tudo aquilo de que você gosta e que ajuda os outros provavelmente faz parte da sua missão de vida, e através de uma missão de vida agradável, executada com amor incondicional, você se encontrará na quinta dimensão.

Infelizmente, alguns de nós podem começar a fazer julgamentos e tentar forçar alguns familiares e amigos que resolveram ficar na terceira dimensão a ir conosco para a quinta dimensão. Temos de respeitar as escolhas dos outros, não importando quais sejam.

Alguns de nós chegaram à Terra para uma nova jornada na terceira dimensão, ao contrário de outros que passaram muitas vidas na Terra. Cada ser tem direito de ficar e de experimentar cada forma do desenvolvimento na terceira dimensão. A Fonte nos esperará para que voltemos para o lugar de onde começamos. Quando praticarmos o amor incondicional e a infinita paciência, voltaremos à Fonte.

25

A Sociedade Transformada

Quando entrarmos na era dourada prevista pelos profetas e ansiosamente esperada por muitos seres humanos e pelas entidades de dimensões superiores, será hora de ajudarmos a criar a sociedade transformada da civilização celestial.

Passamos pela Era de Peixes aprendendo a desenvolver nossa individualidade como pessoas, governos, raças e religiões através da competição e do conflito. E esquecemo-nos da nossa ligação com a Fonte. Na Era de Aquário, seremos capazes de optar pela vibração da quinta dimensão, do amor incondicional e do desapego, ou permanecer na terceira dimensão para poder desenvolver a individualidade e a separação. Os que optarem pelo amor incondicional e se lembrarem de sua ligação com a Fonte construirão uma nova sociedade baseada na compaixão e na harmonia. E esta, certamente, parecerá celestial quando comparada com a nossa sociedade atual.

Uma nova civilização será criada em conjunto com muitos seres de dimensões superiores. Teremos um governo global. Representantes, não líderes, governarão para o benefício de todos os homens e dos outros reinos. A guerra e a fome terão acabado, porque teremos dominado nosso ego e nossa cobiça. Saberemos que cada um de nós é uma peça preciosa de um grande quebra-cabeça, e juntaremos as peças desse enigma em harmonia com os outros, como criadores do Céu na Terra.

74 ≈≈ *Amor e Esperança*

Um novo sistema econômico, fundamentado na protetora e alma Mãe Terra e em todas as formas de vida em sua superfície, promoverá a saúde, a felicidade e a fortuna para todos. As empresas não buscarão apenas o lucro, mas terão como objetivo a efetiva prestação de serviços. Assim que entendermos que o papel de todos é igualmente importante, não haverá mais necessidade de dinheiro. Então não perderemos mais tempo preocupados com a quitação de contas.

Tecnologias avançadas estarão disponíveis para nos aproximar da energia cósmica, evitando, assim, a poluição ou o mau uso de quaisquer dos recursos naturais da Terra. Novos meios de transporte e de comunicação serão desenvolvidos com a ajuda de entidades de dimensões mais elevadas.

Em vez de controlar os alunos, o sistema educacional os ajudará a desenvolver plenamente suas capacidades. Os agricultores deixarão de usar pesticidas e usarão a energia cósmica em cooperação com seres elementais da natureza. Os médicos usarão todos os métodos possíveis de cura. Seremos os mestres das nossas limitações, não os mestres de outros seres humanos. Aprenderemos a participar da criação de uma sociedade sem fronteiras ou sistemas de classe.

Seremos convidados a nos juntar à comunidade galáctica, viajaremos e faremos negócios com pessoas de outros planetas. Finalmente, aprenderemos a respeitar todas as formas de vida e todas as escolhas, por termos conhecimento de que toda vida é uma expressão do amor divino da Fonte de Tudo o que Existe.

O mundo celestial dos nossos sonhos está prestes a ser construído, à medida que as vibrações da Terra forem se alterando e a negatividade desaparecendo pouco a pouco. Toda forma de vida na Terra da quinta dimensão será uma manifestação do amor incondicional. Tudo isso é garantido pelo Plano Divino.

Podemos ajudar nossa querida Mãe Terra a passar distinta e tranqüilamente pela mudança ao elevarmos nossa consciência; ou ela mudará sua vibração drasticamente, por meio de abalos sísmicos devastadores. Temos a liberdade de nos juntar à civilização dourada ou de rejeitá-la; de acelerar ou de retardar a mudança. Temos nas mãos a chave.

26

As Crianças da Nova Era

Um fenômeno extraordinário está acontecendo: muitas crianças são capazes de ver fadas, anjos, extraterrestres e outras formas de Luz, e podem se comunicar com elas. Algumas nascem com grandes capacidades de cura. Outras conseguem materializar coisas com a energia do pensamento. Isso está acontecendo em todo o mundo. Desde 1989, cerca de oito entre dez seres que vem à Terra são seres especiais que nunca viveram na Terra no passado. São especialistas que vieram para ajudar a construir a civilização da quinta dimensão.

Tive uma experiência interessante com um menino de sete anos, quando fui convidada para falar aos membros de uma família sobre como meditar e por quê. O filho do casal quis participar da reunião. Antes da meditação, fizemos uma sessão de perguntas e respostas, e o garoto foi o primeiro a levantar a mão: — Kiyo, creio que escolhi este corpo físico. Estou certo?

— Sim, você está certo.

— Também acredito que escolhi meus pais. Estou certo?

— Sim, absolutamente certo.

Então, ele disse: — Toda a noite, uma bola de Luz dourada, muito bonita, me visita e me dá informações.

— Que tipo de informação você recebe? — perguntei.

76 ~~~ *Amor e Esperança*

— Tudo relacionado com abalos sísmicos. Para dizer a verdade, ando meio preocupado.

— Os movimentos da Terra não são um castigo — expliquei.

— Algumas pessoas sobreviverão. Aquelas que não sobreviverem estão apenas trocando seu ambiente de aprendizado. A vida real, que é a vida da alma, nunca morre. Vivemos eternamente. Portanto, não se preocupe. Por favor, viva sua vida com felicidade e divirta-se bastante.

— Tudo bem, mas tenho outro problema. É sobre a escola. Na verdade, gosto muito de ir à escola, mas detesto as aulas de matemática. Entendo fórmulas matemáticas complexas e, no entanto, preciso ficar sentado na classe aprendendo a fazer contas simples. Estou tão entediado, que é difícil ficar na classe.

— Quando estiver aborrecido, procure aproveitar o tempo descobrindo modos criativos de ajudar seus amigos que têm dificuldade para aprender a somar — sugeri.

Os pais dele estão entrando em contato com outros pais que têm filhos como o deles e criando uma rede de ensino que providencie escolas para eles, nas quais possam desenvolver plenamente suas capacidades.

Quando visitei o Japão em 1995, encontrei muitos pais na mesma situação. Foi uma alegria ver esses pais japoneses também trabalhando ativamente em conjunto e desenvolvendo programas e escolas para seus filhos.

Quando encontramos essas crianças ao nosso redor, temos de abrir nosso coração e ouvi-las com amor incondicional. Não devemos julgá-las pelos nossos padrões. *Elas não são loucas, ou estranhas, nem estão confundindo as coisas.* Elas têm percepções mais amplas e um amor mais profundo pela Fonte, e temos de levar em conta que talvez tenhamos algo a aprender com elas. Estamos aqui para ajudá-las a crescer como seres humanos responsáveis e apreciar sua jornada pela realidade tridimensional. Nunca devemos tratá-las de forma diferente. Temos de ensiná-las que todos somos especiais e expressões únicas da Fonte de Tudo o que Existe.

Segunda Parte

Perguntas e Respostas

SOBRE O ENVELHECIMENTO E A MORTE

Tenho 88 anos. Não posso mais fazer muito por mim mesmo, portanto estou sob os cuidados da minha família. O que posso fazer para ajudar?

Respeito a sua longa vida. Acredito que sua devoção pela família agora está dando frutos, pois ela está disposta a cuidar de você. Você está servindo aos que estão à sua volta quando sorri para eles, porque isso os deixa felizes e tranquilos. Além disso, se quiser meditar uma hora por dia e oferecer-se como canal para a energia cósmica de cura, você servirá não só à sua família, mas também à Mãe Terra, ao universo e à Fonte.

Por favor, valorize o tempo livre que você tem. A energia branda, cálida e delicada que se irradia de você me faz ter certeza de que você fará contato com o amor e com a energia de cura dos mestres de dimensões mais elevadas. Você estará ajudando os mestres a levar energia de cura para o centro da Mãe Terra e para todas as outras criaturas. Estará servindo tanto quanto aqueles que são mais ativos. Precisamos lembrar que somos todos iguais aos olhos da Fonte. Aprendemos uns com os outros independentemente de idade, raça, sexo, educação ou riqueza material, e nenhuma pessoa ou situação existe em vão.

A partir de hoje, por favor, viva a vida com alegria e felicidade, sem preocupações, sabendo que você é uma parte importante do plano divino.

Quando eu me despojar de meus trajes terrenos, como descobrirei o melhor caminho para entrar no céu?

Gostaria que todo mundo fizesse essa pergunta. Seria uma atitude sábia se nos preparássemos para deixar nosso corpo físico quando chegar a hora.

Tendemos a pensar na morte como um acontecimento triste, mas ela é apenas um breve instante de uma longa jornada cósmica. Quando vivemos bem, morremos bem; portanto, a melhor pre-

80 ~~~ *Amor e Esperança*

paração para entrar no céu é estar sempre em busca de crescimento, deixando de lado toda negatividade, praticando o amor incondicional e vivendo no presente, embora desapegados da realidade tridimensional.

Na hora da morte, devemos nos preparar para partir gratos pelas experiências de aprendizado que tivemos. Então, podemos deixar esta vida para trás e nos despir de nossos trajes terrenos com expectativa e entusiasmo pelas novas experiências que nos aguardam. Quando vivemos no amor incondicional, com gratidão, serenidade, excitação e alegria, ao morrer nos vemos na dimensão que sustenta essas vibrações — o que para nós é o céu.

Eu crio minha neta de quatro anos. Ambas sofremos de uma doença incurável. Por que temos de ser tão infelizes?

Todas as almas encarnadas num corpo humano já viveram muitas vidas. Depois desta vida, algumas ascenderão e outras voltarão para viver mais vidas na Terra. Muitas vezes, almas muito evoluídas optam por uma vida difícil.

A primeira lição é escolher entre viver com raiva e amargura ou simplesmente apreciar a beleza da vida, a natureza, tratando os outros com bondade e amor. A derradeira conquista é gozar a vida como ela é.

Outra lição que almas avançadas estão aprendendo é a de como sentir a dor das outras pessoas. Sem que se tenha sofrido é impossível sentir profunda compaixão e misericórdia. Todas as almas escolhem ao menos uma vida de sofrimento durante sua evolução espiritual.

Por favor, lembrem-se de que esta vida em roupagem terrena é dolorosa, mas não passa de um curto período da jornada da alma. Por favor, concentre-se em todas as jóias que foram cuidadosamente escondidas à sua volta e procure apreciá-las, em vez de concentrar-se em sua infelicidade. Haverá o dia em que vocês saberão como essa vida é importante para a evolução da alma de vocês, mas, mesmo agora, neste exato momento, você pode mudar sua

Perguntas e Respostas **81**

atitude, deixando de lado a amargura e a tristeza e passando a apreciar a vida com alegria. Como um canal de energia cósmica, eu gostaria de enviar a vocês minha prece de amor e de cura.

Gautama Buda nos ensinou que devemos servir aos outros mesmo se formos incapazes de nos mover, sorrindo gentilmente para as pessoas à nossa volta. Fui testemunha da bela atitude da minha mãe um pouco antes de abandonar o corpo. Depois da morte, ela me contou: — Tive uma vida muito difícil na Terra. Agora estou ajudando muitas mulheres que retornaram depois de uma vida sofrida.

O que acontece com quem comete suicídio?

A maioria de nós cometeu suicídio em ao menos uma de nossas vidas. Existem muitas razões para fazer isso:

1. Nossos planos mudam repentinamente e, então, decidimos voltar ao nosso lugar de origem.
2. Nossa vida não transcorreu como havíamos planejado, portanto, não podemos passar pelas experiências de que precisamos.
3. Descobrimos que uma situação que supúnhamos poder enfrentar acabou se revelando difícil demais para nós, portanto, decidimos voltar antes do planejado.
4. Concluímos nossa lição de vida e não queremos ficar mais neste reino.
5. Somos voluntários para acabar com a nossa própria vida com o objetivo de sensibilizar outras pessoas.

Depois da morte, cada um de nós vai para a dimensão mais apropriada. Por exemplo, o filho de uma amiga me contou que permaneceu na quarta dimensão para guiar e curar aqueles que chegaram no plano astral depois de se suicidar. Deste lado, não podemos avaliar toda a situação, portanto não devemos julgar as pessoas que cometem esse ato. Por favor, não se preocupe com elas; meus mestres nas dimensões superiores me ensinaram que não existe castigo.

82 ~~~ *Amor e Esperança*

Trabalho como enfermeira. Preocupo-me com o fato de que, com meu trabalho, faço com que as pessoas vivam por mais tempo. Ao fazer isso, estou retardando a passagem delas para a quinta dimensão?

Por favor, tenha o coração tranqüilo, pois você está curando as pessoas e ajudando-as a harmonizarem o próprio corpo e ter uma saúde perfeita. É necessário ter um corpo saudável para se viver e crescer na escola tridimensional da Terra e evoluir para a quinta dimensão. Meus mestres me ensinaram que nenhum ser humano pode ir para a quinta dimensão sem completar sua lição no reino humano. Não deixe de aproveitar a missão maravilhosa que você tem de ajudar as pessoas.

SOBRE A ASCENSÃO

O que acontecerá com a Terra depois da ascensão?

O campo eletromagnético que conserva a realidade tridimensional de tempo e espaço mudará; então, um novo campo eletromagnético correspondente à quinta dimensão ocupará seu lugar.

A cada dia, a Mãe Terra passa paulatinamente por essa mudança, auxiliada pelas entidades das dimensões mais elevadas e pelos seres humanos. Durante a ascensão da Mãe Terra, toda forma de vida que optar por elevar sua vibração para a quinta dimensão a acompanhará. Os que fizerem outra escolha mudar-se-ão para outras realidades tridimensionais, de acordo com suas necessidades. A nova Terra da quinta dimensão passará a ser o lar da manifestação da consciência coletiva daqueles que dominarem a limitação e a separação humanas.

Até agora, não tenho detalhes claros sobre a futura civilização da Terra. Posso partilhar o fato de que, na quinta dimensão, muitos de nós serão capazes de ver nossos mestres e mensageiros de amor, que vieram de todos os cantos do cosmos a fim de nos orientar na criação conjunta do Céu na Terra. Eles nos ensinarão o modo como nos poderemos ajustar à nova vibração e nos inspirarão idéias para criarmos tecnologias novas. Logo, não haverá fome, guerras, nem matança de qualquer tipo. A Terra terá um novo nome, e ela será uma estrela violeta de liberdade brilhando no céu.

A ascensão acontecerá com todos nós ao mesmo tempo?

A ascensão acontecerá a cada um de nós à medida que estivermos pessoalmente prontos para ela. Há muito, muito tempo, aqueles que encarnaram na matéria como grandes mestres tiveram de passar por severas provas e iniciações. Agora basta a vontade de evoluir. Isso acontece devido à bondade da Fonte. Vamos aproveitar isso!

84 ~~ *Amor e Esperança*

Devido à nossa noção de tempo tridimensional, teremos de esperar milhares de anos antes que a energia esteja mais uma vez estabelecida para uma ascensão em massa. Mas todos nós acabaremos voltando para a Luz.

Podemos escolher a hora da nossa ascensão, e, para cada um de nós, a escolha do momento oportuno pode ser diferente, embora sempre seja correta e perfeita. Não seria maravilhoso se pudéssemos fazer essa mudança todos juntos? Essa é, por certo, uma escolha que podemos fazer.

Você pode explicar a diferença entre ascensão e morte?

Morrer significa despojar-se das roupagens terrenas (ao deixar o nosso corpo) depois de completar um período de vida. Depois que deixamos nosso corpo, existem muitas possibilidades. Algumas pessoas optam por reencarnar na Terra. Algumas ficam nos estágios intermediários. Algumas não têm consciência da própria morte, e ficam vagando pela terceira dimensão; nós as chamamos de fantasmas. Outras ascendem para dimensões superiores.

A ascensão, por outro lado, significa transformar nosso corpo físico num corpo luminoso, ampliando a freqüência das nossas energias. É desse modo que ascenderemos à quinta dimensão, sem passar pela experiência da morte física.

O que acontecerá com aqueles que ficarem na terceira dimensão depois que a Terra mudar sua vibração para a quinta dimensão?

As pessoas que optarem por ficar na terceira dimensão passarão a viver em ambientes perfeitos que satisfarão suas necessidades, até que elas também estejam prontas para ascender. Elas continuarão a evoluir por meio de experiências negativas e positivas na vida humana. Por exemplo, uma alma pode ser numa vida um general do exército que vence uma batalha e morre com grande honra, acreditando que os problemas políticos podem ser resolvidos pelos exércitos sustentados pelas riquezas do país. Na vida seguinte, a alma pode voltar para passar por uma guerra, mas do ponto de vista de uma mulher que perde o marido e os filhos na batalha, e depois morre de tristeza e desespero, acreditando que a guerra não é a solução para os problemas, mas só faz devastar as nações enfraquecidas. Ela rezou pela paz mundial e aprendeu que, para evitar conflitos, é necessário perdoar os outros e cooperar com eles. Ela teria preferido viver com a família num mundo pacífico em vez de viver em meio a toda essa matança.

A Fonte de Tudo o que Existe e muitos mestres das dimensões superiores observam como aprendemos nossas lições e nos desenvolvemos ajudando-nos durante as encarnações com o amor incondicional e a paciência infinita, até que todos voltemos para a Fonte. Portanto, por favor, relaxe e aproveite as experiências de desenvolvimento, compreendendo tudo o que elas podem ensinar.

Depois de ascender, nós nos lembraremos da terceira dimensão?

O registro de toda experiência de vida está nos Registros Akáshicos; portanto, quando você passar para a quinta dimensão, poderá examinar de novo todas as suas vidas na terceira dimensão. No entanto, os mestres me disseram que nós teremos muito pouco interesse em revolver vidas passadas, porque estaremos na energia prazerosa da quinta dimensão, ocupados com novas criações.

Tenho 78 anos de idade, e sou uma japonesa antiquada. Criei um filho e me dediquei ao meu marido até ele morrer. Agora, não me dou bem com meu filho e com a mulher dele. Sou financeiramente independente, mas solitária. Quero praticar o amor incondicional e ascender. Por favor, me oriente.

A era em que nascemos exerce grande influência sobre nós. Minha mãe costumava contar, com lágrimas nos olhos, que, quando jovem, tinha de obedecer ao meu avô. Haviam escolhido para ela a pessoa com quem deveria se casar. Depois do casamento, ela tinha de obedecer ao marido e às suas normas familiares. Em seguida, ela passou pela Segunda Guerra Mundial. Seu marido foi con-

86 ～～ *Amor e Esperança*

vocado, deixando dois filhos pequenos para trás. Ele voltou para casa vivo, porém gravemente ferido, como muitos outros. Depois da derrota na guerra, ela teve de se adaptar à democracia e à internacionalização. Quando envelheceu, esperava-se que ela obedecesse ao filho primogênito. Suponho que você também tenha uma história semelhante para nos contar.

Sugiro que você dê uma salva de palmas para si mesma por ter vencido tantos desafios difíceis. Você tem mais uma lição a aprender — a ascensão. Ela pode ser bem fácil se conseguir se desapegar de seu filho e da sua família e devolvê-los à Fonte. Se conseguir ser grata a todas as pessoas com quem esteve envolvida por serem seus mestres e por ajudá-la a evoluir, a ascensão será muito simples.

Sua próxima lição é perdoar a todos os que lhe fizeram mal e irradiar-lhes seu amor, imaginando que você os está envolvendo numa luz cor-de-rosa. Então, peça desculpas àqueles com quem você foi rude, e perdoe a si mesma. Abrace a si mesma com amor incondicional. Cerque-se com a luz rosa do amor e a luz verde terapêutica. Durante suas meditações, veja-se como uma criança inocente nos braços da Fonte.

Por favor, procure gostar de tudo e de cada coisa ao seu redor — pessoas, montanhas, nuvens, flores, cristais, animais — como manifestações tridimensionais da grande consciência cósmica.

Algumas vezes, dê a si mesmo rosas cor-de-rosa e sinta a fragrância delas, lembrando-se de que as rosas florescem e emanam perfume, ainda que não sejam valorizadas. Quer seu filho e sua família gostem de você ou não, você pode ser um ser humano belo, gentil e delicado — uma expressão do amor universal. Procure viver a sua própria vida, formar seu próprio círculo de amizades e manter a sua Luz brilhando. Não tenha dúvida de que assim você passará para a quinta dimensão.

SOBRE OS EXTRATERRESTRES
E OUTROS FENÔMENOS

Você acha que os extraterrestres nos farão evacuar o planeta para nos salvar dos desastrosos movimentos da Terra?

Quando ouço a palavras "evacuar", reconheço que houve muitas mudanças no plano divino. A evacuação era uma parte desse plano durante o período difícil em que não podíamos nem mesmo conceber a idéia da ascensão. O plano era retirar as pessoas da Terra através de uma coluna de luz, e levá-las a bordo de uma nave espacial com a ajuda dos extraterrestres.

Não teria sido a primeira vez que seríamos ajudados dessa maneira num tempo de mudanças terrestres catastróficas. Os extraterrestres resgataram os seres humanos por ocasião do bombardeio atômico no Japão e durante o acidente de Chernobyl, na Rússia. Contaram-me que muitas pessoas foram levadas para naves espaciais. No entanto, a possibilidade de que haja uma pequena evacuação feita pelos Trabalhadores da Luz numa área de desastre, antes de a Mãe Terra terminar a mudança para a quinta dimensão, não está excluída.

Quando só havia poucos Trabalhadores da Luz despertos para aportar a Luz, havia uma grande probabilidade de devastação, em que grandes massas de terra poderiam afundar ou elevar-se. Previam-se grandes terremotos e atividades vulcânicas. Mas agora, graças aos muitos trabalhadores espirituais despertos, a Luz foi integrada e a Terra tem sido revitalizada, de modo que não há mais necessidade de uma destruição em massa. Agora o plano não é mais fugir numa nave espacial, mas, com nossa participação consciente, criar o céu na Terra. A Mãe Terra está se transformando numa nave espacial de quinta dimensão.

Agora temos de nos firmar na Mãe Terra da quinta dimensão e começar a assumir a responsabilidade com muita alegria. O céu na Terra está conosco agora, dentro do nosso coração. Apenas temos de manifestá-lo em nossa realidade.

88 Amor e Esperança

A Terra será destruída pelo ego humano ou pela Fonte?

Sinto-me honrada e grata por ser intermediária de boas notícias. Mesmo que tenhamos recebido informação demais sobre a devastação da Mãe Terra, ela irá sobreviver, graças à bondade da Fonte, às numerosas entidades das dimensões mais elevadas e aos Trabalhadores da Luz encarnados.

Os homens têm um importante papel a desempenhar no restabelecimento da Mãe Terra, ajudando-a na mudança da sua energia para a quinta dimensão, com o mínimo de sofrimento. Quando estivermos integrados ao nosso Eu Superconsciente, e começarmos a viver nosso dia-a-dia com amor, ajudaremos a Mãe Terra a reestruturar o mundo para que seja pacífico e próspero.

Naturalmente, vários grandes mestres nas dimensões mais elevadas nos ajudam em nosso despertar, mas eles estão de mãos atadas, a menos que peçamos pela sua orientação e a coloquemos em prática. Deixe-nos enviar nossa gratidão e apreço para a Fonte e para nossos ajudantes imateriais e começar a criar o céu na Terra.

Minha esposa é um canal mediúnico. Ela parece ouvir e ver seres que são invisíveis para mim. Sou ortopedista e uso métodos de cura alternativos, como a quiroprática, a massagem e a meditação, mas por que não posso ver e ouvir como minha mulher?

Acredito que existem muitas maneiras de receber energia da Fonte e que todos nós somos intermediários de uma forma ou outra. Algumas pessoas recebem informação ouvindo vozes, algumas têm visões, algumas usam computadores e outras usam a escrita automática. Algumas recebem informação enquanto criam os filhos, cultivam alimentos e flores ou sendo agentes de cura. Todos estamos canalizando amor e a energia que cria a realidade tridimensional.

Acredite ou não, você tem recebido informação necessária com perfeição; caso contrário, você não teria vivido sua vida como tem feito. Está recebendo sua orientação através da telepatia e do conhecimento interior. Em outras palavras, seus guias põem em seu coração a informação de que você precisa.

Durante a maior parte do tempo sou clarissensiente – recebo informação através da telepatia. Algumas vezes vejo cartas, rostos e objetos em visões, meditações e sonhos. Outras vezes, meus mestres usam minhas cordas vocais para dar palestras. Compartilho sua frustração por conscientemente não perceber a canalização, e entendo quando você diz, "Eu não canalizo", porém, por favor, confie no seu coração e na sua intuição e saiba que tem sido e será guiado, mesmo que verdadeiramente não possa ver ou ouvir a Fonte. Por favor, tranqüilize-se e aproveite sua vida. Continue ajudando os outros, como tem feito, pois muitos mestres e anjos de cura trabalham constantemente com você.

Estudei em várias escolas de astrologia, de adivinhação e de oráculos. Como resultado desses estudos, posso predizer se um dia será bom ou ruim, e sei quando agir. Agora estou com medo de ter perdido a minha liberdade. Por favor, dê algum conselho.

Poucos de nós têm uma vida livre do sofrimento, pois ele nos ajuda a crescer. Tudo o que você aprendeu é parte do palco montado para este drama da vida.

Uma infelicidade pode transformar-se numa bênção disfarçada. A experiência mais dolorosa pode ajudá-lo a se tornar uma pessoa melhor a longo prazo. Se você tiver desenvolvido a capacidade de aprender com todas as experiências, não precisará ter medo de cometer erros ou de sofrer acidentes, infortúnios, contratempos ou decepções. Por favor, lembre-se de que nascemos para ser imperfeitos de modo que, a cada vida, nos esforcemos para desenvolver o amor incondicional e nos tornar pessoas mais fortes e mais bondosas. Aconselho você a viver seu riquíssimo drama cheio de altos e baixos.

Tenho uma filha de dois anos que vê anjos e extraterrestres e que gosta de falar com eles. Meu marido está muito preocupado, por isso ele ralha com ela e exige que pare de falar com eles. Como posso orientar os dois?

Crianças do mundo inteiro estão agora abertas aos fenômenos das dimensões superiores. Na Terra da quinta dimensão todos nós

90 ≈≈≈≈ *Amor e Esperança*

estaremos abertos a eles. Aprenderemos com os mestres das dimensões superiores a conversarmos com os anjos, fadas, elementais, extraterrestres e mestres ascensionados; crianças como sua filha mostrarão o caminho para nós. Por favor não deixe que esse belo botão murche devido às limitações de vocês.

Recomendo que você e seu marido entrem em contato com um grupo de pais que tenham filhos em situação parecida com a de sua filha. Reúnam-se para falar sobre suas preocupações e alegrias enquanto as crianças conversam sobre as próprias realidades. Vocês também podem colaborar com a construção de mais escolas para elas.

Como pais, estamos aqui para ajudar todas as crianças no desenvolvimento dos seus talentos. Em nenhuma circunstância devemos tratá-las como pessoas melhores que as outras. Temos de tratar todas as crianças como iguais, pois cada uma delas é uma peça no quebra-cabeça e tem algo especial a oferecer.

Acima de tudo, é importante que você e seu marido apreciem a oportunidade de educar essa bela alma. As crianças são excelentes mestres e podem ajudar os pais a transcender suas limitações.

Por favor, faça um comentário sobre paranormais, canalizadores e pessoas que demonstram ter poderes misteriosos.

Suponho que você esteja se referindo a pessoas que são clarividentes, clariaudientes, clarissensientes e àquelas que materializam objetos ou entortam colheres. Acho que elas têm talentos interessantes que se destinam a chamar nossa atenção. Essas pessoas se apresentaram como voluntárias, antes do nascimento, para ser as peças do quebra-cabeça divino que demonstrarão a realidade invisível aos olhos humanos. As contribuições que elas fazem são importantes e dignas. Entretanto, aos meus olhos, todas as pessoas são paranormais. Mães, agricultores, músicos, médicos, coletores de lixo e líderes de nações são todos canais da Energia Universal, quer estejam ou não conscientes do fato. Aprecio todos os talentos.

Aos olhos da Fonte, somos todos iguais. Todos temos mestres e guias. Estamos todos aqui com a finalidade de evoluir espiritualmente. Os canalizadores são como linhas telefônicas biológicas liga-

Perguntas e Respostas 〰 **91**

das às dimensões mais elevadas, mas eles também estão evoluindo e se desenvolvendo através do amor e do serviço.

O Festival Bon, dia budista de Todas as Almas, é uma data para a família saudar seus ancestrais, mas fui aconselhado por um amigo a não ir ao cemitério por causa dos fantasmas presos à Terra. Por favor, fale alguma coisa sobre isso.

De qualquer forma, vá ao túmulo da família, visite os fantasmas dos seus ancestrais e ofereça um ramo de flores, amor e paz. Alguns fantasmas são seres que deixaram o corpo físico, mas, por não ter conhecimento do mundo depois da morte, estão aprisionados perto da terceira dimensão. Outros continuam apegados às suas realidades físicas.

Você não precisa ter medo desses fantasmas se os ama e não cultiva pensamentos negativos com relação a eles. Existe uma lei universal que diz que uma vibração só pode se ligar a uma vibração semelhante. Se você cultivar o amor, só poderá entrar em contato com a vibração do amor. Portanto, por favor, visite seus ancestrais com amor, gratidão, compaixão e luz. Tenha em mente o seguinte:

1. A Terra irá se transformar num planeta celestial de quinta dimensão.

2. Não haverá mais fome ou guerra.

3. Ninguém sofrerá doenças físicas.

4. A nova civilização está para nascer, então teremos criado juntos o céu na Terra.

5. Se quiser, você poderá reencarnar na nova Mãe Terra.

6. Siga em direção à Luz para reencontrar a sua velha família, seus amigos, anjos e mestres, que o guiarão para um local apropriado, onde possa receber cura e aprender sobre a espiritualidade.

7. Os anjos, os mestres e a Fonte não castigam ninguém. Eles estão observando você e estão ansiosos para ajudar no seu desenvolvimento, sempre que você pedir ajuda.

92 ⚜ *Amor e Esperança*

Veja, não existe energia mais forte do que a do amor incondicional. Os seres que estão enredados na escuridão não têm poder para diminuir nossa luz, mas a nossa luz pode iluminar aqueles que estão confinados em suas próprias trevas.

SOBRE OS RELACIONAMENTOS

Por favor, explique a relação entre espírito, alma e seres humanos.

Só posso responder simplificando bastante a complexa realidade cósmica. O espírito está encerrado no corpo anímico, e o corpo anímico está encerrado no corpo humano. Em outras palavras, a Fonte irradia muitas centelhas ou espíritos para que experimentem várias realidades, nas vibrações inferiores. Esses espíritos então se revestem de um corpo anímico, com vibrações ainda mais baixas. Então os corpos anímicos se revestem de um corpo humano, com o intuito de passar pela existência terrena.

Você está, na verdade, em todos os três níveis, portanto, assim quem você é depende do nível sobre o qual está falando.

Alguns membros da minha família querem ficar na terceira dimensão, mas eu gostaria de levá-los comigo para a quinta. Como posso fazer isso?

Parece que você escolheu como lição de vida aprender a respeitar o livre-arbítrio, a escolha das outras pessoas e o desapego dos que lhe são próximos nesta terceira dimensão. Optamos por encarnar numa determinada família, devido a experiências específicas necessárias para a iluminação da nossa alma.

A ascensão pode ser imaginada como a escalada de seis bilhões de pessoas da Terra ao Himalaia. Existem seis bilhões de caminhos, seis bilhões de métodos e seis bilhões de tempos de escalada. Cada uma dessas escolhas está correta e é perfeita para a pessoa em questão. Não sabemos conscientemente qual é o nosso plano de vida e qual é o plano dos outros, mas temos de lembrar que cada um de nós tem um Eu Superior orientando o inferior, o eu humano. Portanto, temos de respeitar as escolhas dos outros e confiar que também ascenderão na hora adequada. Enquanto isso, você pode se preparar para a sua própria ascensão, se optar por ela.

94 ❧ *Amor e Esperança*

Gosto de aprender coisas sobre a vida, mas às vezes, quando falo com meus amigos sobre certos assuntos, acabamos brigando. Você pode me dar algum conselho?

Entendo a sua frustração porque já estive na mesma situação. Fui orientada por muitos mestres a lembrar-me de que a Terra é uma escola na qual temos livre-arbítrio e liberdade para fazer as próprias escolhas. Aprendi a não falar coisas estranhas, a menos que me peçam para falar sobre elas. Só então comento sobre o que eu sei a respeito. Falo a verdade e depois respeito a reação das pessoas, mesmo que seja acusada de ser esquisita ou de estar imaginando coisas.

As pessoas que preferirem continuar na vida tridimensional não conseguem se harmonizar com a informação da quinta dimensão. Sendo assim, evite julgar os outros, pois as escolhas que fazem são corretas e perfeitas para eles. Cada experiência é tão valiosa quanto qualquer outra, assim como um curso de música é tão bom quanto um curso de matemática, embora se trate de formas diferentes de expressão.

Logo você estabelecerá contato com a sua família espiritual e ela falará a sua língua. Por favor, não converse com pessoas que não se harmonizam com você. Certifique-se de que tem amor em seu coração, até mesmo quando decidir afastar-se dos que estão contra você.

Por favor, fale das dimensões, com relação ao amor.

Gosto de comparar a energia do amor incondicional com a água. Por exemplo, um sistema de irrigação de jardim usa uma certa quantia de água para cobrir uma determinada área. As dimensões são como a área que um irrigador consegue atingir. Cada dimensão tem uma entidade (um irrigador) que mantém a energia do amor (água) nessa dimensão. Cada universo, as galáxias, o sistema solar, o planeta, e assim por diante, têm seu próprio guardião da energia do amor.

Quando começamos a evoluir, nós nos elevamos através das dimensões. Alguns de nós têm amor incondicional pelos membros da família; outros por uma cidade, por um país, por uma raça, por um planeta, por um sistema solar, por uma galáxia e por um universo. Nossa vibração dimensional determina o quanto estamos dispostos a servir aos outros com o nosso amor incondicional.

Você pode me aconselhar sobre a melhor maneira de compartilhar informações sobre a ascensão com minha família e meus amigos?

O melhor modo de compartilhar essas informações com seus entes queridos é demonstrar paciência, serenidade e amor incondicional em todos os momentos da vida. Então a sua família e os seus amigos lhe perguntarão: — O que deixa você tão tranqüilo o tempo todo? Esse será o momento certo para falar sobre a ascensão.

Não podemos forçar os outros a pensar como nós; fazer isso seria interferir no livre-arbítrio deles. Alguns de nossos entes queridos não demonstrarão nenhum interesse ou até podem ficar aborrecidos com o que dizemos. Temos de aprender a aceitar as escolhas dos outros com amor incondicional. Não precisamos nos preocupar com os que optarem por não ascender desta vez, porque eles farão isso na hora mais indicada para eles. Por fim, todos ascenderão.

Quando me divorciei do meu marido, voltei para a casa dos meus pais. Agora meu marido e eu pretendemos tornar a nos casar, mas meu pai é contra. Por favor, me dê um conselho.

Divórcio e casamento são boas lições para nós. Temos a liberdade de fazer o que nosso coração nos orienta, e ninguém pode viver a nossa vida por nós, nem mesmo nossos amados pais.

Antes de procurar estabelecer um relacionamento com seu marido e com seu pai, você terá de estabelecer uma relação consigo mesma. Portanto, sugiro que pergunte a si mesma: "Por que estou aqui? O que realmente preciso para me sentir realizada, feliz e alegre?"

Eu tenho a certeza de que o seu pai não interferirá na sua vida quando você se tornar uma pessoa inteira — independente, ale-

96 ≋ *Amor e Esperança*

gre e cordial. Assim, você poderá encontrar um parceiro parecido com você. Pode ser seu ex-marido ou outra pessoa. Você saberá quando estiver pronta para fazer uma escolha.

Você fala sobre respeitar o livre-arbítrio e a liberdade de escolha dos outros, mas me sinto culpado quando não tento impedir meus amigos queridos de cometer erros, quando para mim está evidente que vão se prejudicar. Gostaria que me desse sua opinião sobre isso.

A Fonte criou muitos universos e pode dissolvê-los imediatamente, de forma que voltem a ser luz; no entanto, ela espera pacientemente que cada um de nós passe pelos altos e baixos necessários.

Quando os amigos lhe pedirem conselhos, por favor, faça tudo o que puder para orientá-los. Depois disso, respeite as decisões deles, mesmo que não sejam as que você tomaria. Por exemplo, se um dos seus amigos preferir aprender a se desapegar da riqueza material, talvez tenha de enfrentar uma falência depois de conseguir uma vultosa fortuna. Quando ele tiver aprendido a se desapegar do passado e viver com alegria mesmo sem bens materiais, ele não terá mais de passar por essa experiência em outras vidas, para aprender a mesma lição.

Toda experiência é necessária e perfeita e temos de aprender a respeitar todas, mesmo que sejam difíceis. Essa é a lição do amor incondicional; não podemos culpar os atores e atrizes que representam papéis de vilões no palco do teatro cósmico.

Não precisa sentir-se culpado se demonstra amor incondicional pelos seus amigos e está disposto a fazer tudo o que puder para ajudá-los a crescer. Seu papel é oferecer-lhes apoio quando estiverem cansados e deprimidos.

Estamos aprendendo a amar incondicionalmente e a cultivar a paciência, ajudando nossa família e nossos amigos a se desenvolver. Podemos chegar a manifestar o mesmo amor incondicional e a mesma paciência ilimitada que a Fonte e aqueles que vivem nas dimensões mais elevadas têm tido por nós há várias eras, sem que soubéssemos disso.

Perguntas e Respostas 97

Mães prudentes vêem seus bebês tropeçar e cair e deixam que eles se levantem outra vez sozinhos. De que outra maneira podemos aprender a andar? Disso podemos tirar uma importante lição.

Estou arrasada porque o homem que eu amo vai se casar com outra pessoa: Como superar minha tristeza e meu ciúme?

Muito antes de você entrar no reino humano, você estava flutuando como uma bela luz, sem corpo físico, sexo ou sentimentos negativos. Você não entendia o que era tristeza, ciúme, medo da morte, prazer de comer e de fazer amor.

Então você aprendeu algo sobre o mundo tridimensional e decidiu experimentar as emoções positivas e negativas da vida na Terra. Ao que parece, você preferiu experimentar os sentimentos de tristeza, desespero e ciúme nesta vida.

O sexo existe para que possamos sentir o prazer, que se assemelha à bem-aventurança que sentimos quando nos reunimos conscientemente com a Fonte. Quando encontramos a pessoa certa, nos apaixonamos e fazemos sexo com ela, nossos portais energéticos (nossos chakras) se abrem. Nesse tipo de relacionamento, o sexo traz uma cura profunda e um salto espiritual. Alguns de nós vivem trocando de parceiro, na busca pela pessoa certa.

Para superar sua tristeza e ciúme, você pode agradecê-lo por fazê-la voltar os olhos para os outros três bilhões de candidatos à sua volta, entre os quais pode estar a pessoa certa. Certamente, ele não o é. Agora está na hora de você viajar e aprender sobre novos assuntos para expandir todo o seu ser. Usando a sua energia amorosa, conheça novos mundos. Pode ser que neles você encontre seu verdadeiro parceiro, que tocará seu coração.

Sou uma dona de casa de 55 anos. Minha sogra está na casa dos 80, mas ainda é uma pessoa jovial e saudável. No entanto, ela é muito mesquinha e tem me tratado mal. Estou me esforçando para sentir por ela amor incondicional, para assim poder ir para a quinta dimensão, mas está difícil abrir meu coração. Como posso superar meus sentimentos negativos por ela?

Você tem de se lembrar de que decidiu transformar esta vida na última encarnação na terceira dimensão e que resolveu ascen-

98 ~ *Amor e Esperança*

der para a quinta dimensão. Você tinha grande confiança em si mesma antes de nascer, e estava certa de poder manter o amor incondicional em qualquer circunstância. Portanto, escolheu um cenário bastante difícil. A fim de poder tornar esse drama possível, você pediu que uma alma se tornasse sua sogra e representasse esse papel de carrasco nesta vida. Você deve ter-lhe dito: — Por favor, seja dura comigo e me dê a oportunidade de aprender a ajudar sinceramente e a amar de forma incondicional.

Lembre-se de que sem desafios não podemos provar nossa iluminação para nós mesmos. Em nossa vida, temos almas gêmeas ao nosso redor, que prometeram nos apoiar em épocas difíceis, mas as almas gêmeas que realmente contribuem para nosso crescimento muitas vezes são as mesmas que nos fazem vítimas.

Nesta vida, você deu um grande salto. Só lhe resta dar o último passo. Agora sua sogra é idosa e solitária. Por favor, derrame sobre ela seu amor incondicional e ajude-a a ser feliz. Você sabe que, na verdade, você está se libertando do rancor e do ressentimento, de modo que possa ter compaixão, misericórdia e amor incondicional.

SOBRE A BUSCA DA VERDADE

Você pode me dizer como discernir minha própria verdade?

Ter discernimento é uma das coisas mais importantes da vida e temos de aprender essa lição. Informações canalizadas provêm de muitas fontes diferentes e variam bastante pelo fato de cada pessoa ter um sistema de valor diferente. A informação pode ser válida para pessoas de uma certa época e para outras pode não ser. Em outras palavras, somos nós, unicamente, que escolhemos a nossa verdade, pois a Terra é uma escola onde estabelecemos nosso currículo. Não se trata de certo ou errado, mas do fato de nos harmonizarmos ou não com determinada informação.

Quando temos cinco anos, vamos ao jardim-de-infância, mas, quando temos dezesseis, vamos ao colegial. Temos necessidades e desejos diferentes em cada estágio de crescimento; o mesmo acontece com as almas. Todas as escolhas são perfeitas porque, seja como for, aprendemos algo.

Então, como podemos discernir melhor nossa verdade do fluxo de informações? Os seres de dimensões superiores me ensinaram o seguinte:

1. Respire fundo e tente expulsar todas as idéias preconcebidas, de forma a estar aberto para a informação que chegar. Afirme sua intenção de evitar ser influenciado pela fonte da informação. Esse passo se aplica aos seus próprios sonhos, aos livros e à informação encaminhada por você e pelos outros.

2. Analise a informação para verificar se ela pode conter algo que seja um reflexo dos motivos pessoais ou dos interesses particulares da fonte.

3. Aceite apenas o que for oferecido com uma atitude positiva e amorosa, e que lhe dê coragem e força para enfrentar a vida diante das dificuldades. Não precisamos mais julgar os outros, culpá-los ou criticá-los. Não temos mais de ter medo ou de nos sentir intimidados.

100 ❧ *Amor e Esperança*

4. O mais importante é receber a informação no seu coração e verificar se ela encontra ressonância ou se lhe traz alegria. Evite que sua mente avalie a informação com base no limitado sistema tridimensional de valores. Se ouvir seu Eu Superconsciente, que o orienta através do seu coração, o discernimento não será difícil.

Assim que tiver reconhecido sua verdade, especialmente nos casos em que descobrir que ela se opõe ao que a maioria das pessoas pensa, viver essa verdade requererá coragem. Esse é o verdadeiro discernimento.

Qual é a sua opinião sobre afirmações de que o nosso salvador está chegando?

A ascensão da Terra faz parte do movimento universal. Quando passarmos para a quinta dimensão, seremos capazes de nos unir com nosso Eu Superior e de atingir um elevado nível evolutivo.

Grandes mestres das dimensões superiores nos têm ajudado a elevar nossas vibrações. O trabalho deles é ajudar os seres humanos a desenvolver a Consciência Crística, a Consciência Búdica e assim por diante. Portanto, nós nos tornaremos nossos próprios salvadores. Os salvadores virão de dentro de nós.

Por favor, fale sobre o karma.

A lei do karma se relaciona com o equilíbrio de energias. Ela também é chamada de lei da causa e efeito. Todos vivemos incontáveis vidas durante nossa jornada cósmica, para que possamos conhecer todos os aspectos da humanidade. Por exemplo, se você viver uma vida como feitor de escravos, optará por ser um escravo numa outra vida para equilibrar sua energia. Como resultado dessa lei, nós temos a oportunidade de passar por todo tipo de experiências, à medida que nossa alma busca o objetivo definitivo do equilíbrio perfeito.

Infelizmente, muitas vezes a lei do karma é usada como justificativa para os dissabores que as pessoas sofrem. Por exemplo, alguns dizem aos que estão sofrendo muito: "Ó, esse é o mau karma se manifestando", sendo que nem toda tragédia é resultado do karma. Algumas almas foram tão feridas em vidas passadas, que acham que ter uma vida trágica é a única alternativa. Nesses casos, não existe causa kármica para o sofrimento. Essas almas necessitam apenas de cura.

Outro mal-entendido sobre o karma faz com que ele seja usado como justificativa para se evitar a responsabilidade de criar um planeta mais cheio de amor e mais equilibrado. Por exemplo, crianças que estão morrendo de fome não precisam passar por essa experiência por motivos kármicos. Aqueles que estão no poder desequilibraram o sistema econômico global e usaram mal o livre-arbítrio, provocando tragédia e não karma.

Nas dimensões superiores, não existe o conceito de pecado ou de castigo; existe unicamente o conceito de crescimento. Quando as almas esgotarem as possibilidades de crescimento na Terra e aprenderem a viver no amor incondicional, elas estarão livres da lei kármica e não precisarão mais reencarnar na terceira dimensão.

Você pode descrever o que acontece no corpo físico quando o DNA é alterado?

Você estudou bastante, não é verdade? Só posso compartilhar com você minha experiência e as explicações dadas pelos mestres das dimensões superiores. Em novembro de 1994, eles me disseram que o DNA do meu corpo etérico havia sido completamente modificado.

Nasci saudável e forte. A não ser por uma infecção no ouvido e uma amigdalite, não me lembro de ter ficado doente na minha vida. Em 1987, tinha 46 anos, quando começou o ciclo de sete anos de transformação no meu DNA etérico. Naquele momento, comecei a me sentir mais cansada do que de costume, mas achei que fosse coisa da idade. Não gosto de beber, mas consigo suportar uma boa dose de bebidas alcoólicas por ocasião dos encontros sociais; depois que a mudança do código começou, um copo de vinho já me deixava tonta. Gostava de fumar e fumei por mais de 23 anos. Meu vício era tão forte que achei que nunca conseguiria parar de fumar; no entanto, parei depois que começou a mudança do código. Agora não consigo tolerar fumaça de cigarro.

102 ᘓᕷᕀ *Amor e Esperança*

Desloquei minhas costelas três vezes em acidentes de esqui. Isso me impediu de fazer qualquer outra coisa a não ser andar. Logo, não fui mais capaz de fazer nem isso porque me sentia muito cansada e fraca. Tinha de descansar várias vezes por dia.

Durante os três últimos anos do ciclo de sete anos fui conscientemente despertada e comecei a me comunicar com meus mestres ao menos uma hora por dia em meditação, bem como em grupos, e através de canalizações. Durante esses três anos, tive fortes sensações em minha cabeça, como se meu crânio fosse explodir devido à energia que se acumulava dentro dele. Era diferente de uma dor de cabeça, porque o terceiro olho, no centro da minha testa, começava a pulsar.

As articulações das minhas mãos começaram a apresentar sintomas de artrite, mas, felizmente, encontrei uma nutricionista que me prescreveu uma dieta vegetariana, e em três anos, a artrite desapareceu.

Durante esse período de três anos, eu sentia uma dor terrível no corpo todo, especialmente na parte inferior das costas. Isso também desapareceu agora. Eu também havia perdido o sentido do paladar. Certa manhã descobri que o alimento em minha boca não tinha nenhum sabor, nem mesmo limão ou mel; portanto, comer tornou-se apenas uma necessidade, e não um prazer. Depois de seis semanas, meu paladar voltou; no entanto, como a maioria dos temperos têm sabor muito forte para mim, uso apenas limão e gengibre.

Em agosto de 1994, comecei a ouvir um zumbido nos ouvidos que me dava a impressão de estar dentro de uma cúpula, com uma parede grossa de sons isolando todas as vozes humanas. Em outras palavras, eu não podia ouvir as pessoas falando comigo; depois me disseram que isso havia sido parte do meu treinamento para receber informação das dimensões superiores. Depois de seis semanas, minha audição voltou ao normal, juntamente com os sons em minha cabeça. E agora eu percebo que esses sons são comunicações de vários mestres, de membros da família e de amigos que tenho nas dimensões superiores.

No início, fiquei realmente chocada, visto que eu nunca tivera nenhum problema físico. Por isso procurei todos os métodos

Perguntas e Respostas 103

possíveis de cura alternativa — acupuntura, shiatsu, quiroprática, sintonização energética, equilíbrio de polaridade, trabalho sacrocraniano, osteopatia, essências florais, regressão, meditação e assim por diante. Recordo desses três anos como uma preciosa experiência de aprendizado, pois compreendi que esses problemas estavam me ajudando a olhar profundamente para mim, ligando-me com força maior ainda ao meu Eu Superconsciente. Quando estava sentindo uma dor lancinante eu não estava me preocupando com a paz mundial ou com a fome; estava vivendo cada momento da minha realidade interior.

Durante mais de 130 regressões, os mestres me mostraram a longa jornada da minha alma, através de lições e experiências, e fui abençoada com lembranças que me mostraram quem sou, porque estou aqui e o que tenho a fazer.

Também me lembro da minha lição sobre o desapego. Tive de aprender a aceitar as escolhas dos meus filhos, fossem quais fossem, e libertá-los do controle que exercia sobre eles em nome do amor maternal. Outra lição de desapego se referiu ao dinheiro. Durante os últimos oito anos não tive um emprego que me garantisse um salário e andei gastando minhas economias. Minha missão me fez viajar para muitas partes do mundo; portanto, naturalmente, minhas economias foram diminuindo. Tenho que confiar que o cosmos tomará conta de mim, e ele faz muito mais do que o necessário.

Agora recuperei totalmente a minha saúde. Entretanto, perdi o interesse por esportes como esqui e tênis; estou simplesmente gozando minha vida como um canal de energia cósmica. A cada momento continuo a aprender com profundo contentamento.

Acho que cada um de nós é uma expressão única do amor da Fonte. Minha experiência é apenas uma dessas expressões, mas me sentirei honrada se ela puder ajudar você.

Nos dias de hoje, nos deparamos com um grande número de profetas. Por que alguns estão certos e outros não?

Em toda a história tivemos profetas. Suas profecias continham muitas verdades na época em que eram proferidas. Um dos papéis

104 ~~~ *Amor e Esperança*

dos profetas é prever prováveis realidades futuras negativas, muito antes de acontecerem, alertando assim a humanidade para que ela possa elevar sua consciência a tempo de evitar o resultado previsto. Portanto, quando o resultado negativo não ocorre, o profeta cumpriu sua missão com êxito. A profecia também nos dá a oportunidade de ajudar a criar um futuro melhor.

A consciência da humanidade muda constantemente e, à medida que o faz, a profecia muda. Temos de discernir quais profecias ressoam em nosso coração como nossa verdade. Nosso Eu Superconsciente faz com que saibamos tudo de que precisamos saber.

Por que os canalizadores transmitem informações contraditórias?

Os seres humanos se parecem, mas o nível de crescimento das almas varia. Algumas são mais evoluídas do que outras, mesmo que sejamos iguais aos olhos da Fonte. O mesmo acontece nas dimensões mais elevadas, onde, no ilimitado desenvolvimento da consciência, os mestres também têm diferentes níveis de evolução. Mas como acontece com as árvores, mais alto não significa melhor.

Os mestres só podem falar de possibilidades que eles vêem a partir do seu próprio nível de evolução. Os mais evoluídos enxergam mais. Portanto, cada mestre pode transmitir um aspecto diferente do mesmo acontecimento, de forma que, para nós, eles parecem estar transmitindo informações conflitantes. Acima de tudo isso, está o fato de que o canalizador também tem suas próprias limitações emocionais, lingüísticas, culturais, religiosas e pessoais.

Fui orientada para manter a mente aberta e ser flexível ao avaliar as informações canalizadas, adotando uma espécie de sintonização cósmica.

Sou um dos sobreviventes do terremoto Kobe. Um amigo meu se culpa porque não conseguiu salvar algumas das pessoas que foram soterradas. O que posso dizer a ele?

Para responder à sua pergunta, eu gostaria de falar da minha experiência. Certo dia, uma amiga muito querida veio me visitar.

Perguntas e Respostas ~~~ **105**

Ela era uma pessoa jovem, bonita e forte, com um dom de clarividência e clariaudiência surpreendente. Muitos mestres das dimensões superiores falavam através dela e tivemos uma sessão das mais esclarecedoras, naquela manhã. Em seguida, almoçamos e caminhamos pela praia, apreciando o mar, o céu e a companhia uma da outra. Estávamos voltando para casa, quando um caminhão desgovernado desceu a rua e atropelou minha amiga, matando-a instantaneamente. Embora acreditando que o plano divino é perfeito e que não existem acasos, mesmo assim quis perguntar à Fonte:
— Isso é parte do seu plano ou foi um acidente?

Com a mais profunda tristeza, terminei de preencher os formulários policiais e fui para casa. Meditei durante seis horas, durante as quais minha amiga voltou para mim. Ela disse: — Kiyo, não se preocupe comigo. Estou com muitos anjos e agora estou feliz. Sofri durante toda minha vida nesse corpo físico limitado, porque eu era muito sensível aos conservantes usados nos alimentos e à poluição do ar e da água. Saí do meu corpo e fui para o outro lado muito antes de o meu corpo cair no chão. Não senti nenhuma dor. Não se preocupe comigo. Esse era o meu plano. Não tinha consciência dele, mas meu Eu Superior sabia.

A morte que testemunhamos e a morte que sentimos são duas coisas diferentes. Eu estava sofrendo porque achava que ela tinha sofrido, enquanto a realidade do seu acidente fora totalmente diferente.

Minha mensagem ao seu amigo que se culpa é: "Aprenda a não se culpar. Por favor, dê a si mesmo amor incondicional, não importa o que tenha feito ou não porque você não sabe qual é o seu plano divino."

Aqueles que morreram tinham seus próprios planos e tinham orientação interior. Sugira ao seu amigo que, durante a meditação, envie mensagens de amor ou Luz de cura às vítimas, pois elas estão ouvindo. Ele pode lembrá-las de que elas podem receber cura das dimensões superiores. Sua compaixão e mensagens amorosas tocarão essas vítimas e as ajudarão a se curar, depois dessas experiências traumáticas.

106 ~~~ *Amor e Esperança*

Por que existem tantas religiões?

Os universos são tão complexos e imensos que nem sequer conseguimos imaginá-los. Já temos grande dificuldade para entender por que estamos aqui, de onde viemos e aonde estamos indo.

Somos como bactérias minúsculas no pêlo de um enorme elefante, tentando imaginar a aparência desse animal. No início de cada civilização na Terra, grandes mestres vêm das dimensões superiores para nos ensinar sobre esse elefante, a Fonte. Alguns falam sobre a cauda, outros sobre o tronco e outros falam ainda sobre as orelhas. Devemos apreciar cada parte e aprender sobre as outras partes uns com os outros. Infelizmente, não tínhamos um sistema de comunicação como o que temos agora, assim, o ensinamento sobre cada parte atraía seus próprios seguidores que pareciam acreditar que estavam de posse da única verdade. Os que aprenderam apenas sobre a cauda do elefante acreditavam que a Fonte era a cauda.

Não convém julgar. Até agora, o nosso desafio tem sido desenvolver a individualidade; portanto existem muitas religiões diferentes, e até mesmo matamos uns aos outros para defendê-las. Quando consultamos os Registros Akáshicos, descobrimos que nós já praticamos cada uma das religiões deste planeta.

Agora, podemos transcender diferenças, porque estamos todos em busca do mesmo objetivo — a iluminação. Agora, podemos abrir nosso coração para reconhecer que a cauda, o tronco e as orelhas são todos partes do mesmo elefante, a única Fonte.

Quando ouço você mencionar nomes como Buda e Cristo, imediatamente reajo negativamente porque penso em religiões. Estou desapontado com todas as religiões institucionalizadas, e não consigo adotar nenhuma. Por favor, me explique algo mais sobre elas.

Quando falo sobre os mestres das dimensões superiores, que trabalham coletivamente, refiro-me às muitas entidades de luz e às energias conscientes que têm papéis específicos a desempenhar na Terra. Sanat Kumara foi responsável pelo nascimento da Mãe Terra. Sua chama gêmea é Vênus. Ambos transmitiram energia para o planeta Vênus; é por isso que a Terra é chamada de planeta-irmão de Vênus. Muitos mestres têm grandes missões na Mãe Terra. Mestres ascensionados são os que viveram na Terra como seres humanos e completaram sua ascensão aqui, tais como Moisés, Gautama Buda, Maitreya, Mãe Maria, Kwan Yin, Jesus e muitos outros. Outros mestres, assim como os arcanjos, estão em missões relacionadas à Terra, mesmo que nunca tenham encarnado aqui.

Algumas das entidades encarnadas na Terra criaram os continentes e iniciaram civilizações e religiões. Outras entidades encarnaram para desenvolvê-las. Muito depois de deixar o corpo físico, elas trabalham contínua e incessantemente, embora alguns dos seus ensinamentos tenham sido deturpados devido ao livre-arbítrio da humanidade.

Os animais, tanto na Terra quanto no mundo espiritual, também são mestres. Temos uma dívida especial com as baleias e com os golfinhos, pois eles têm sintonizado as vibrações dos sons audíveis para nós e nos protegido da insanidade causada pelo barulho que criamos.

Existem elementais responsáveis pelos reinos vegetal e mineral. No interior da Terra, existem reinos subterrâneos povoados por muitas entidades.

Todos nós, seres visíveis e invisíveis, compartilhamos a Mãe Terra como um estágio em que aprendemos uns com os outros.

Sugiro que você aproveite os ensinamentos de cada religião que ressoam em você e tente colocá-los em prática sem se preocupar com os outros. Enquanto pensar, falar e agir com amor no coração, você será uno com a Fonte. Se observar de perto os fundadores das religiões, você descobrirá que todos nos ensinaram a ser bons e a sermos um com a Fonte. Buda, Cristo e outros grandes mestres nos mostraram o caminho.

Sou um monge budista. À medida que estou aprendendo, fico cada vez mais abismado com a distância que existe entre o que me ensinaram e as informações que estão surgindo atualmente. Por favor, me fale sobre isso.

Como eu disse antes, existe um número ilimitado de caminhos para a Luz, todos eles são corretos e perfeitos. Você optou por ser-

108 Amor e Esperança

vir de guia às pessoas por meio dos ensinamentos budistas e expandir seus serviços levando em conta informações complementares. Como alguém que indica aos outros um caminho, você tem muito mais instrumentos do que antes.

Invejo as pessoas que são guiadas por você, um monge que não estudou apenas os ensinamentos do budismo, mas também está aberto a outros caminhos e disposto a aprender. Estou certa de que muitas pessoas que ouvirem falar de você desejarão ir ao seu templo e participar das suas reuniões de meditação. Eu também gostaria de participar.

Você é um farol brilhante para os que estão sofrendo e para os que buscam a Luz. Quando Gautama Buda e Maitreya andarem pela Terra da quinta dimensão, tenho certeza de que eles se deterão em seu templo e ficarão gratos pelo seu grande trabalho. Por favor, não se limite de maneira nenhuma e tenha confiança em si mesmo e no que está fazendo, como compartilhar as miríades de expressões de amor e de cura.

Esteja certo de que o mais importante é não culpar ou julgar aqueles que seguem o caminho tradicional, porque eles também estão iluminando os passos daqueles que preferirem seguir esse caminho.

SOBRE O AUTO-APERFEIÇOAMENTO

Quero ir para a quinta dimensão, mas sempre tenho pensamentos negativos, por mais que eu tente evitá-los. Como posso passar a pensar de forma positiva e a sentir amor incondicional?

Os seres humanos são tanto positivos quanto negativos. A energia do universo se move em duas direções, e podemos nos treinar a entrar em contato conscientemente com o que é positivo.

Antes do seu nascimento, você pediu que outras almas o ajudassem a dominar suas emoções e a aprender sobre o amor incondicional. À medida que seu controle aumentar, você passará por momentos em que ficará sufocado com sua própria negatividade. Lembro-me de um tempo em que não importava o que fizesse, eu não conseguia romper a cadeia de pensamentos negativos.

Por favor, não julgue a si mesmo, nunca culpe ou fique desapontado consigo mesmo. Em vez disso, aceite-se pelo que é, com amor incondicional. Diga a si mesmo: — Ah, que grande experiência humana. Eu precisava dela! É por isso que vim à Terra. Agora eu entendo a negatividade pela qual passa um ser humano. Hoje me diplomei na escola da negatividade, portanto posso devolver toda minha negatividade ao Sol Central, o coração do cosmos, para que seja novamente aproveitada. Agora, opto por manter o amor incondicional e viver uma vida repleta de pensamentos positivos. Por favor, oriente-me para que eu possa dar o próximo passo.

Quando expressa seus desejos e invoca a ajuda das dimensões superiores, você pode criar uma nova realidade. Os desejos dos seres humanos se manifestam mais depressa agora do que antes, devido ao fato de que as vibrações do planeta estão se elevando rapidamente. Acima de tudo, se você meditar diariamente com o objetivo de curar a si mesmo e de expandir a sua luz interior, sua nova realidade se manifestará ainda mais depressa.

Você também pode treinar a si mesmo para falar sobre qualquer expressão de negatividade usando palavras positivas. Por exemplo, quando percebo que estou me queixando, "Está choven-

110 ~~~ *Amor e Esperança*

do outra vez", imediatamente reformulo o pensamento dizendo: "Que chuva maravilhosa! Ela revitalizará as flores e as árvores." Ou se começo a dizer ao meu filho: "Como você é burro. Por que não estuda mais e tira notas melhores?" mudo para: "Que bom que você sabe se divertir e gozar a vida o tempo todo. Um dia você descobrirá o mesmo tipo de diversão estudando matemática."

Você pode se desafiar a desenvolver modos criativos de descobrir um aspecto positivo em tudo. Se praticar o exercício de expressar seus pensamentos de modo positivo, em duas semanas você desenvolverá o hábito da percepção positiva e descobrirá que não fala mais em termos negativos.

Quando estiver com pessoas repletas de negatividade, abençoe-as e se afaste. Quando estiver com pessoas afins, expresse seus pensamentos em termos positivos. É assim que você consegue manifestar uma realidade positiva à sua volta o tempo todo.

Sei que tenho que amar todas as pessoas para ir para a quinta dimensão. Como posso aprender a amar aquelas que não consigo perdoar?

Cada um de nós tem nesta vida almas gêmeas que nos ajudam nas horas de dificuldade. Também temos almas gêmeas que concordaram em representar o papel de carrascos. Ambas são membros da nossa família espiritual e estão atendendo o pedido que fizemos a elas para que exercessem esse papel nos dramas da nossa vida.

Não temos de ficar com aqueles que estão contra nós, podemos nos afastar deles com amor no coração. E não precisamos ficar nos culpando por esse afastamento. Quando somos enredados por nossas emoções negativas, desperdiçamos energia. Também nos prejudicamos por causa da energia negativa que emana de nós em ondas, atravessando o universo e voltando para nós com mais intensidade. Então, atraímos pessoas negativas.

No entanto, podemos mudar nossos sentimentos sobre aqueles a quem não conseguimos amar e dizer: — Obrigado por me ajudar a aprender a lição do perdão e do amor incondicional. Se conseguirmos irradiar-lhes apenas amor, a realidade se manifestará como um ambiente belo e amoroso.

Perguntas e Respostas ✒ **111**

A meditação pode nos ajudar a permanecer num mar de amor. Quando temos dificuldade para perdoar alguém, podemos simplesmente meditar e imaginar que estamos enviando, do coração, um belo raio de luz cor-de-rosa que cerca e envolve a pessoa. O fato de sentir amor incondicional nos aproxima da porta do mundo celestial da quinta dimensão.

Sou uma dona de casa e vivo ocupada cuidando do meu marido e dos filhos. Não posso abandoná-los para levar uma vida ascética, portanto como posso alcançar a iluminação?

Agradeço pela sua excelente pergunta. Algumas vezes, pensamos que para tornar-se um santo, uma freira ou um monge, é preciso levar um determinado estilo de vida para chegar à iluminação. Meus mestres me mostraram que podemos elevar nossas vibrações para a quinta dimensão, vivendo no amor incondicional. Naturalmente, educar os filhos pode ser um ato de amor incondicional e se aproxima bastante do ato original da criação. Portanto, sugiro que você desempenhe o seu papel com sinceridade e alegria, e que expresse sua criatividade em seu próprio universo doméstico e comunitário.

Você é tão importante quanto alguém que tenha um cargo público. Sua iluminação virá pelo fato de você compartilhar seu amor incondicional e seu perdão com todos aqueles com quem convive diariamente. Os membros da família e os amigos são bons mestres. E se você distribuir bem o seu tempo, poderá encontrar algum para meditar e comunicar-se com os seus guias.

Temos de deixar de lado a idéia de que só pessoas especiais podem se comunicar com a Fonte e com os mestres. Todos nós podemos chamá-los e isso não custa nada. Lembre-se de que a lei universal os impede de fazer contato conosco; temos de iniciar o contato, chamando-os.

Nesta vida você optou pela vida doméstica como caminho para a iluminação. Por favor, valorize seu papel de esposa e mãe. Você conseguirá o que quer.

112 ~~~ *Amor e Esperança*

Como posso usar o conceito de desapego na minha vida diária?

Estamos presenciando enormes mudanças em todos os aspectos da vida — saúde, relacionamentos, política, economia, religião, educação, clima e estabilidade do país. O desapego será necessário para lidarmos com as mudanças abruptas da vida, tais como falências, divórcios, mortes e desastres naturais. Imagine que optou por aprender sobre o desapego antes de nascer. Pode ser que a sua realidade seja a de passar por uma falência depois de levar uma vida de abundância. Então, você tem a escolha de cometer suicídio ou de desapegar-se de tudo — *status*, dinheiro, propriedades e relacionamentos. Também pode optar por aproveitar o tempo que então terá para passar com a família e acumular riquezas espirituais.

Assim que tiver aprendido a abrir mão da realidade que não é mais a sua, você poderá aceitar e dar as boas-vindas à mudança. Quando você se tornar mais flexível, verá que toda situação pode ser um solo fértil para crescimento, mesmo que isso não seja visto imediatamente. Portanto, você deve apreciar a vida mesmo nos tempos mais desafiadores.

Existe muita propaganda sobre métodos que prometem nos ajudar no nosso desenvolvimento espiritual, mas não estou interessado em nenhum deles. Eles são de fato necessários para a evolução espiritual?

Nossos pensamentos manifestam a nossa realidade. Se acreditar que precisa ou não de um produto de determinado tipo, essa se tornará a sua realidade. Você não precisa de nenhum método espiritual para evoluir. Entretanto, não julgue aqueles que optarem por usá-los. Eu mesma prefiro os modos mais simples de crescimento, mas fico satisfeita por ver todos os métodos que existem no mercado.

Se todas as almas encarnadas em corpo humano são iguais aos olhos da Fonte, por que algumas pessoas têm uma vida tão infeliz?

Todas as almas estão fazendo uma longa jornada rumo à evolução: as almas escolhem um roteiro diferente para cada existência.

Perguntas e Respostas ~~~ **113**

Quando analisamos apenas uma vida isoladamente, o cosmos parece injusto, mas se observarmos todas as vidas durante a longa jornada de uma alma, encontraremos o equilíbrio e uma variada gama de experiências. A lei universal de causa e efeito, a lei do karma, serve para equilibrar a energia em nós.

É típico da natureza humana sentir orgulho de si mesma quando se sai melhor do que os outros, e sentir-se deprimida quando parece menos feliz do que os outros. No entanto, quando somos mais evoluídos, perguntamos a nós mesmos o que podemos oferecer àqueles menos felizes ou o que podemos aprender com um insucesso.

Todos os meus mestres me ensinaram a rezar e a meditar. Tenho seguido os conselhos deles, mas minhas orações nunca são atendidas. Você conhece uma oração especial que tenha chance de ser respondida?

O relacionamento entre o Eu Superconsciente e o eu inferior é como o de um pai sensato e seu filho. Os filhos podem gostar muito de chocolate e pedir mais, porém pais cuidadosos lhes darão cenouras. Da mesma maneira, o Eu Superconsciente providencia o que o eu inferior necessita para o crescimento da alma e a orienta em cada passo do caminho. No entanto, o eu inferior se esquece de qual deveria ser a lição, e quer o que, a seus olhos, lhe falta nesta vida, mesmo que essa falta faça parte do acordo.

Por exemplo, imagine que tenha escolhido um cenário de vida em que não possa ter filhos, mas queira aprender o amor incondicional por crianças. Eu escolheria um corpo físico que não pudesse engravidar e não importaria o quanto eu rezasse para ter filhos, minhas preces não seriam atendidas. Posso escolher, com meu livre-arbítrio, gozar minha vida sem filhos, adotar uma criança ou queixar-me da desventura. Seja qual for o caminho que escolher, eu ainda terei a oportunidade de aprender sobre o amor incondicional pelas crianças. Minha prece predileta é:

"Por favor, me dê a realidade que for mais apropriada para mim, no momento mais oportuno, na quantidade exata e do modo mais adequado para maior desenvolvimento da minha alma."

114 Amor e Esperança

Fiz vários cursos para me tornar um agente de cura e consegui meu certificado, mas estou preocupado com a possibilidade de meu ego atrapalhar meu caminho. Como posso evitar isso?

Meus mestres me ensinaram que não podemos curar os outros. Curamos a nós mesmos com nosso poder inato de cura; os médicos e agentes de cura podem apenas aumentar essa capacidade inata. O cosmos está repleto de energia de amor e de cura, disponível para todos os que estiverem abertos para recebê-las.

A melhor forma de evitar a interferência do ego negativo é pedir ao Eu Superconsciente e ao Eu Superconsciente do seu cliente para que estejam presentes durante a sessão. Em seguida, ore para a Fonte: "Por favor, use-me como um canal de energia de cura do modo que for mais apropriado para o melhor e mais elevado crescimento da alma desta pessoa."

Enquanto você tiver consciência de que é um mero canal para a energia de cura, você não terá de se preocupar com o seu ego.

Durante o ano passado estive meditando e trabalhando arduamente para desenvolver o amor incondicional e para me desapegar da realidade material, a fim de passar para a quinta dimensão. No entanto, minha realidade diária está pior do que antes. Tenho uma doença depois da outra. Você pode me explicar isso?

Quando a energia superior começa a passar por você, duas coisas acontecem: limpeza e cura. Se a dor for insuportável, por favor, peça que o seu Eu Superconsciente diminua a intensidade. Se conseguir suportá-la, procure enviar essa energia de dor para o âmago da Mãe Terra. Você também pode liberar essa energia andando descalço pela praia, caminhando na terra ou praticando jardinagem.

Quando sentir algum mal-estar físico, procure adotar uma dieta equilibrada, beba bastante água e durma muito. Você está se libertando de todos os ferimentos que os corpos físico, mental e emocional sofreram e acumularam nesta e em outras vidas.

Você pode se curar se mantiver o foco no amor incondicional e no perdão na sua vida cotidiana. Portanto, pode receber a energia de cura diretamente das dimensões superiores durante a meditação. Para acelerar o processo de cura, recomendo que você faça tratamentos conciliando médicos, quiropráticos e outros profissionais de saúde da sua preferência. O seu Eu Superconsciente está guiando cada passo do seu crescimento. Espero que você supere todos os obstáculos, porque um mundo de bem-aventurança, amor e serenidade está à sua espera.

Aprendi bastante sobre ascensão e quero passar por ela, mas também quero realizar outras coisas com este corpo físico. Como conciliar meus desejos?

Todos viemos à Terra para aprender, servir e desfrutar experiências físicas. Depende de você, quando mudar a sua consciência da terceira para a quinta dimensão, portanto aproveite a vida carnal tanto quanto puder, sem causar prejuízo a si mesma ou aos outros. Quando começar a se comunicar conscientemente com o seu Eu Superconsciente, por meio da oração e da meditação, você será guiada no seu próprio ritmo, e a ascensão será muito natural. Portanto, relaxe e viva plenamente.

Também mantenha o senso de humor, visto que a vibração do riso é a que mais se aproxima da vibração da Fonte. Aqueles que estão nas dimensões mais elevadas adoram o riso, porque eles têm um maravilhoso senso de humor. Por exemplo, certo dia, eu estava deprimida, porque tinha cometido um grande erro no projeto da minha casa nova. Então tive uma sessão de duas horas com alguns dos mestres por meio de um excelente canalizador. Naturalmente, os mestres das dimensões superiores sabem exatamente o que sentimos, dizemos ou fazemos na Terra. Mãe Maria me disse:
— Nós a trouxemos para este trampolim para aumentar as suas vibrações, porque você desceu muito e chegou ao fundo. Tudo o que você tem de fazer agora é dar um pulo e subir!

Comecei a rir e fui curada instantaneamente.

116 ≈≈≈ *Amor e Esperança*

Para minha surpresa, há cerca de um ano, comecei a receber telepaticamente novos conhecimentos. A informação ajudou-me a resolver vários problemas e respondeu a muitas das minhas perguntas. Pode explicar o que está acontecendo comigo?

Todos somos canais de energia cósmica e, consciente ou inconscientemente, temos contribuído para somar riquezas à população da Terra ao irradiarmos energia na forma de conhecimento, poder, amor incondicional, cura, filosofia, religião, música, arte, ciência e assim por diante.

Os mestres das dimensões superiores se comunicam conosco de várias maneiras. Acredito que, através da telepatia, o seu Eu Superconsciente e os seus mestres transmitiram os conceitos necessários e as respostas diretamente para o seu coração. Em vez de ver uma imagem ou ouvir sons, o conhecimento lhe foi transmitido telepaticamente. Muitos daqueles a quem você chama de gênios têm contribuído para a humanidade recebendo sua informação da mesma maneira.

Eu sugiro que você comece a pedir conscientemente orientação ao seu Eu Superconsciente e aos mestres. Assim você estará contribuindo com idéias cuja origem está além das limitações humanas. Você descobrirá que as informações ficarão cada vez mais complexas.

Por favor, aceite isso e confie em si mesmo. Seu coração sabe muito mais do que a sua mente pode conceber. Tenho certeza de que você ajudará todos nós por meio do seu serviço.

Não consigo amar a mim mesmo. Como posso mudar isso?

Está na hora de lembrar-se de que você é uma centelha divina da Fonte. Lembre-se de que todos fomos criados da mesma maneira. Saímos da Fonte e partimos para vários cantos do cosmos a fim de ter experiências de aprendizado que nos ajudassem e, conseqüentemente, que ajudassem a Fonte a se desenvolver.

Assim, a sua lição é aceitar a si mesmo e não apenas as partes das quais você gosta. Também é importante aceitar as que você não gosta — até mesmo os erros que cometeu — sem se envergonhar,

Perguntas e Respostas **117**

sem ter preconceito, culpa e sem condenar a si mesmo. Você escolheu esta vida, e todas as experiências devem ser apreciadas como uma manifestação especial e importante da Fonte, na terceira dimensão. A sua beleza, fraquezas, sabedoria, erros, todos são partes suas e do universo. Por favor, aceite todos os aspectos de si mesmo como uma parte da Fonte e continue a se desenvolver no jardim chamado Terra.

Aqui estão algumas palavras mágicas para você dizer quando estiver deprimido: "Eu sou o amor radiante da Fonte. Floresço agora como uma flor única e bela no jardim cósmico."

Pode me dar algum conselho para eu entrar com o pé direito no século XXI?

A coisa mais importante que temos de reconhecer agora é a vibração acelerada do campo magnético que cerca a Terra e os efeitos que isso produz em cada criatura. Todos os dias, vibrações energéticas superiores entram em nosso campo de energia. Como resultado, descobrimos que toda forma de pensamentos se manifesta com maior rapidez. Alguns de nós estão se deparando com manifestações maravilhosas dos próprios sonhos. Ao mesmo tempo, os pensamentos negativos se manifestam na forma de incidentes infelizes e tristes. Gostaria de compartilhar os conselhos de entidades que estão nas dimensões superiores.

Em primeiro lugar, não podemos falar uma coisa e fazer outra. Algumas vezes pensamos de uma maneira, falamos de outra e agimos de forma totalmente diferente. Quando a vibração do nosso campo energético era baixa e lenta, tínhamos tempo de examinar, adaptar e corrigir nossos pensamentos; agora, eles rapidamente se transformam em realidade.

Em segundo lugar, temos de saber que o tempo dos milagres está começando. Podemos deixar de viver com medo, preocupação, dúvida e raiva e passar a praticar o amor, o perdão, a alegria, a saúde e a fartura. Temos de fazer projetos construtivos na nossa vida, que nos ajudarão a influenciar a Terra de uma forma positiva. Podemos mudar o velho paradigma segundo o qual temos que sofrer para chegar à iluminação; se não fizermos isso, não poderemos nos desenvolver com alegria e felicidade.

118 ❧ *Amor e Esperança*

Em terceiro lugar, temos de desenvolver um novo conceito de família global, em que perdoemos o passado sem estabelecer condições, aceitando as diferenças entre as pessoas e começando a nos apoiar uns aos outros. Temos uma grande oportunidade para ajudar a criar uma nova civilização de quinta dimensão, o céu na Terra. A vibração universal nos ajudará a concretizar esse grande acontecimento, protegendo-nos e estimulando-nos.

Acho que todos nós estamos passando por algum tipo de caos sem saber por quê. Como nos adaptar melhor a esse período?

Meus mestres sempre me orientaram a me centrar, a ter a mente aberta e a seguir com o fluxo. Eles também me aconselharam a desenvolver a flexibilidade e a fé em mim mesma. Se acreditar que serei capaz de superar qualquer obstáculo, eu estarei bem.

Deixe-me partilhar alguns exemplos com você. Certo dia, em 1995, no Japão, eu tinha dois seminários marcados, com um intervalo de duas horas entre eles. Os organizadores tinham planejado um jantar durante o intervalo, mas recebi uma mensagem para visitar um santuário na cidade. Sete de nós deveriam prestar homenagens ao deus do santuário, que protegia o povo daquela área. Passamos uma hora no lugar e depois fomos ao restaurante. Olhamos no relógio e vimos que só nos restava uma hora, visto que eram cinco horas da tarde. Tivemos um belo jantar e uma conversa muito agradável. Sabíamos que estávamos atrasados e que tínhamos de nos apressar, mas para nossa grande surpresa, descobrimos que ainda eram cinco horas. O tempo havia sido detido pelos seres das dimensões superiores que estavam controlando os acontecimentos.

Outro acontecimento inusitado foi mais evidente. Meu empresário e eu chegamos à parte centro-oeste do Japão para fazer alguns seminários. O cavalheiro que os havia organizado era um canal mediúnico e uma pessoa bem orientada. Quando nos dirigíamos para o local, observei que o tanque de gasolina marcava unicamente um quinto, portanto, eu disse: — Talvez seja preciso encher o tanque antes de partir.

Ele respondeu: — Bem, esta manhã os meus guias me disse-

Perguntas e Respostas **119**

ram para eu não me preocupar com a gasolina, portanto não preciso encher o tanque. Confio neles. Veremos o que acontece.

Ele nos levou para dar uma volta pela cidade e depois nos levou para a conferência. Ficou conosco todo o tempo. Depois da conferência, jantamos e, em seguida, ele nos deixou na estação de trem. Para minha surpresa, no final da noite, o mostrador indicava meio tanque de gasolina.

Agora é hora de mudarmos as nossas perspectivas da vida diária e de confiarmos mais em nossa capacidade de melhorar a realidade. É tempo de ficarmos abertos aos milagres. Temos de parar de nos preocupar com as mínimas coisas insignificantes, e, em vez disso, visualizar um cenário positivo e manter essa visão até que os nossos desejos se manifestem.

A melhor forma de lidar com os acontecimentos traumáticos do mundo é ter uma profunda compaixão pelos que sofrem e pelos que oprimem os outros. Em nossa vida diária, aproveitar a nossa sorte e enfrentar nossos infortúnios são parte da natureza humana. Mas, agora, que sabemos que somos nós mesmos que escrevemos os cenários dos nossos dramas existenciais, podemos decidir o que queremos manifestar e sentir.

Por último, o modo mais eficaz de enfrentar uma situação trágica é saber que tudo é um espelho com o qual podemos aprender a crescer, e que nunca devemos nos culpar ou culpar os outros.

Odeio estudar, portanto estou certo de não poder ir para a quinta dimensão, mesmo que eu queira. Você pode me ajudar?

Os seus pensamentos se manifestam como sua realidade. É certo que irá para a quinta dimensão à medida que acreditar que irá. Parece-me que você, no momento, está aprendendo a aceitar a si mesmo e aos outros incondicionalmente. Portanto, por favor, relaxe, pare de se preocupar e seja feliz. Cada pessoa faz a ascensão seguindo um caminho diferente de modo que possamos explorar cada manifestação de amor e de luz.

Por favor, descubra alguma atividade que não o obrigue a estudar e que lhe dê profundo prazer, que beneficie a si mesmo e aos outros, e que não cause prejuízo a ninguém.

120 ❧ *Amor e Esperança*

Você identificará sua missão na vida e encontrará um trabalho com o qual possa ganhar a vida com alegria. Seja criativo e desenvolva o senso de humor de modo que seus dias sejam repletos de alegria e riso.

Se for bondoso e gentil consigo mesmo, e com os outros, e conservar essa bondade em seus pensamentos, palavras e ações, você atrairá unicamente pessoas que pensam de forma semelhante. E vocês se ajudarão mutuamente. Esse é o início do céu de quinta dimensão na Terra. Por favor, lembre-se de que a energia do pensamento tem o poder de manifestar-se como a sua realidade física, especialmente quando você age em conjunto com o seu Eu Superconsciente. Lembre-se de que veio à Terra para trilhar seu caminho de vida, e não o dos outros.

"Obrigado, Sra. Monro. A partir de hoje, posso viver minha vida com esperança."

NOS REINOS ESPIRITUAIS

O que são "walk-ins"?

Uma alma pode decidir deixar o plano terreno por causa de doença, de depressão ou porque completou sua missão. Em vez de deixar a personalidade cometer suicídio, a alma pode negociar com outra que deseja vir à Terra para servir e aprender por meio de experiências. As almas concordam que a nova alma "entre dentro do corpo" ("walk-in", em inglês) e o habite, enquanto a alma anterior fica livre das limitações humanas. Dessa maneira, a que entra "dentro do corpo" não precisa passar pelo processo de nascimento.

Encontrei muitas pessoas que entraram dessa forma na matéria. A maioria delas teve uma experiência de quase-morte e está consciente de que é "walk-in".

Por que estão ocorrendo tantas tragédias no mundo agora?

Todos nós estamos decidindo se mudaremos para a quinta dimensão ou se continuaremos nosso crescimento na terceira. A vibração da Mãe Terra está sendo elevada a cada dia, portanto, a ânsia por experiências de última hora está vindo à tona e se manifestando na realidade terrena como esses acidentes trágicos.

A coisa mais importante que podemos fazer é ter compaixão por todos aqueles que parecem ser vítimas e lembrar-nos de que as almas envolvidas escolheram esses palcos para poder dar um salto evolucionário em seu crescimento.

Quando testemunhamos essas tragédias, devemos nos concentrar na energia positiva e amorosa do perdão, em vez de nos deixarmos levar pela negatividade. Precisamos nos desapegar da energia negativa, para que possamos ajudar a criar um céu na Terra, um mundo em que a consciência humana seja muito elevada, onde não haja guerras, fome, pobreza e onde os seres humanos vivam harmoniosamente com amor, cooperação, saúde e abundân-

122 ~~~ *Amor e Esperança*

cia.Temos de manter atitudes positivas e alegres, tendo em mente a visão de um mundo pacífico durante todo o tempo, mesmo em meio à tragédia.

Não tenho nenhuma lembrança das minhas vidas passadas. Por que elas estão bloqueadas?

Em geral, na hora do nascimento, as lembranças das vidas passadas são reprimidas para que a alma tenha mais oportunidade de crescimento. Por exemplo, suponha que seu plano para esta vida seja perdoar e amar a entidade que certa vez foi um inimigo que o assassinou. Vocês dois escolheram esse cenário. Agora você é um homem e ela uma mulher. Vocês se encontram, apaixonam-se, casam-se e têm filhos. Vocês se amam e vivem felizes. Agora o crescimento que vocês não tiveram na vida passada foi cumprido.

Imagine se você se lembrasse dessa vida passada e soubesse que sua bela e amada esposa, que dorme a seu lado, certa vez foi um assassino barbado que lhe deu um tiro pelas costas! Seria então possível levar adiante sua lição de perdão e de aprendizado pelo amor ao seu inimigo? Esquecer torna mais fácil concentrar-se no crescimento durante esta vida. É por isso que sinto que o véu que cobre nossas lembranças é uma dádiva da graça da Fonte.

Recebo orientação de alguém das dimensões mais elevadas. Pode me dizer como saber quem é esse mestre?

Medite e peça que o seu Eu Superconsciente esteja com você. Pergunte quem é o seu mestre e você receberá uma resposta no momento mais apropriado. Talvez ouça uma voz silenciosa com sua audição interior. Talvez veja letras soletrando o nome. Poderá ver uma face ou silhueta com sua visão interior ou num sonho. Pode ser que receba o nome do seu mestre através de um médium.

Se, por algum motivo, o fato de conhecer o nome do seu mestre prejudicará o crescimento da sua alma, o nome será mantido em segredo até uma ocasião mais adequada. Por favor, tenha paciência, viva no momento e espere a hora da união prazerosa com seu mestre.

Parece-me que nos últimos tempos os membros da minha família e meus amigos estão se precipitando para a morte. Por que pessoas tão jovens estão morrendo?

As almas têm vida eterna e estão numa jornada infinita de experiência. A morte humana nada mais é do que a conclusão do crescimento de uma determinada vida. A maioria daqueles que estão deixando os corpos humanos agora têm planos especiais. Alguns completaram seus cenários específicos de vida e querem reencarnar para poderem ascender com a Mãe Terra que está prestes a entrar na Era Dourada. Durante os próximos dez anos testemunharemos muitas pessoas morrendo subitamente por causa de doenças, desastres naturais, acidentes ou suicídios. Por favor, mande energia terapêutica e seu amor para os que partem. Não precisa se preocupar com eles — eles serão orientados pelos seres de outros reinos. Entretanto, você pode ajudá-los nessa transformação com seu amor, luz e orientação.

Estou tendo revelações. Vejo luzes, raios coloridos e muitas imagens com minha visão interior. Você pode explicá-los?

Parabéns. Recomendo que as aceite pelo que são. Comemore por ter conseguido uma reunião longamente esperada com sua família invisível de almas e mestres, e use sua orientação para curar e criar coisas positivas em sua vida diária. Quando você começar a se comunicar com seu Eu Superconsciente, ele revelará seu papel nesta vida e orientará você para cumpri-lo com perfeição.

Todos somos peças do grande quebra-cabeça cósmico. Quanto mais nos reunirmos e trabalharmos coletivamente, mais depressa o plano cósmico se manifestará. Espero trabalhar com você e com muitas outras pessoas.

A Fonte castiga alguém?

O conceito de castigo existe só em nossa realidade tridimensional. A Fonte observa, sem julgar, tudo o que fazemos a nós mesmos e aos outros, aceitando-nos como somos, sabendo que nosso

124 ❦ *Amor e Esperança*

entendimento está se expandindo. Como os mestres me aconselharam muitas vezes, o crescimento implica passar do julgamento e do castigo para a aceitação e o perdão.

Mais importante ainda, junte-se à Fonte e aos mestres das dimensões superiores para enviar amor e energia de cura para todos os lugares em que ela é necessária.

Para minha grande surpresa, a Virgem Maria me apareceu numa bela visão. Não sou cristão, porém budista, estou, então, intrigado: por que apareceu para mim? Você pode explicar isso?

A entidade que certa vez viveu como mãe de Jesus voltou às dimensões superiores e assumiu o papel de mãe de todas as almas que encarnam em um corpo humano, ajudando-nos a criar nosso corpo etérico, antes de manifestarmos nosso corpo físico.

Há dois mil anos, você esteve com a Virgem Maria, sendo protegido e orientado diretamente por ela. Durante esse tempo, uma epidemia deixou muitas crianças órfãs, assim a Virgem Maria adotou todas elas. Pessoas maravilhosas ajudaram a Virgem Maria a criar essas crianças, e você foi um dos ajudantes. Quando ela lhe aparecer da próxima vez, sugiro que aproveite sua reunião com ela.

Mãe Maria ainda trabalha muito, além de crenças religiosas estreitas, ajudando seres humanos a despertar e a se curar. Creio que nesta vida você também fará um grande trabalho com a Virgem Maria, como fez há dois mil anos.

Gostaria que mestres e anjos viessem até mim quando medito como fazem com você. Se convidasse mais de um ao mesmo tempo, isso os aborreceria?

É claro que não. Você sentiria bem-aventurança e energia de cura durante a meditação.

Lembre-se de que para nos guiar, os mestres manifestam formas com as quais podemos nos relacionar. Quando nossa percepção aumenta, eles se identificam como luz, como energia ou fragrância. Finalmente, compreendemos que eles são um, uma consciência coletiva universal. Eles trabalham juntos para realizar um

Perguntas e Respostas ~~~ **125**

único plano divino, com amor e respeito uns pelos outros, de modo que nunca se zangariam com você por serem convidados junto com outros mestres. Ao contrário, eles gostariam da sua franqueza. Imagine-os como as cores de um arco-íris, cada cor representando um serviço diferente.

Eu gostaria de compartilhar esta bela experiência com você: Depois de uma das minhas reuniões de meditação, incontáveis, belas e variadas fragrâncias encheram o aposento, e eram diferentes das conhecidas no mundo humano. Surgiram uma depois da outra. Alguns dos presentes eram clarividentes e puderam ver os mestres que estavam conosco.

Outra experiência surpreendente aconteceu numa meditação e canalização. No início, uma bola de Luz Dourada apareceu no centro da sala e depois se dividiu em duas formas humanas diferentes: uma delas era a Virgem Maria, a outra era Kwan Yin.

Lembremo-nos de que nós somos uma família de almas que faz parte do cosmos.

SOBRE O TRABALHO

Sou um detetive policial e me preocupo com o fato de a minha profissão me colocar na posição de julgar pessoas.

Geralmente, os criminosos são pessoas que raramente receberam amor sincero, e é muito fácil se perder quando a vida é dura. Como detetive, você encontra as pessoas que se perderam. Para ajudá-las, você pode tratar cada uma delas com ternura e carinho. Elas sentirão o calor humano do amor pela primeira vez, numa ocasião das mais desesperadas. Veja você, a luz pode mudar a escuridão. Acredito que você seja uma pessoa que possa acender uma luz para essas pessoas desviadas.

As pessoas que cometeram erros precisam aprender que elas necessitam de cura, e não de ser castigadas. Enquanto a atitude de julgar os outros não existir em seu coração e enquanto você dedicar sua vida ao serviço dos que se desviaram, poderá ajudá-los a voltar ao caminho da luz.

Por favor, aquiete o coração e pare de se julgar. Você só precisa abraçar a si mesmo e aos outros com amor incondicional, durante todo o tempo.

Um dos empregados da minha empresa só comete erros. Não importa quantas vezes eu o corrija, ele parece não aprender. Às vezes chego a pensar que comete os erros intencionalmente, porque está ressentido comigo. Por favor, me dê um conselho.

Não pretendemos cometer erros, nem gostamos de cometê-los, mas posso pensar em vários motivos pelos quais os erros acontecem. Em primeiro lugar, cometemos erros quando, por necessidade, forçamo-nos a trabalhar em algo para o que não temos aptidão ou treinamento básico. Então, não apenas deixamos de gostar do trabalho, mas também ficamos logo exaustos e cometemos erros.

Em segundo lugar, cometemos erros quando somos psicologicamente instáveis, especialmente se houver problemas de relacionamento na família ou com amigos. Em terceiro lugar, cometemos erros quando não estamos fisicamente bem e não conseguimos nos concentrar no que estamos fazendo. Por último, cometemos erros quando temos ressentimentos ou sentimos raiva com relação à autoridade do chefe. Algumas vezes os erros são atos intencionais e funcionam como uma espécie de sabotagem.

Meu conselho é que você passe algum tempo com essa pessoa. Convide-a para o almoço ou para uma caminhada e diga-lhe que ela está cometendo erros. Deixe-a saber que você não a está culpando, porém que está disposto a ajudá-la quanto às ansiedades ou problemas que possa ter. Pergunte-lhe se existe algum trabalho que ela prefira fazer e diga-lhe que está disposto a mudar os deveres dela, se possível. Quando somos colocados no ambiente correto, crescemos, porque nosso trabalho não vai mais contra nós, mas é uma experiência prazerosa.

Existe uma história famosa segundo a qual o vento frio do norte não conseguia fazer uma pessoa tirar o casaco, mas o sol quente, sim. Se você for suficientemente gentil para passar um tempinho com ele, tenho certeza de que será grato por trabalhar para um empregador como você.

Sou conselheiro, mas tenho dúvidas sobre meu trabalho. Acaso eu, que não sou iluminado, tenho o direito de fazer esse tipo de trabalho? Estarei interferindo nas escolhas das pessoas?

Lembre-se de que estamos aqui não para sermos perfeitos, mas para aprendermos a amar. Por exemplo, mesmo sendo uma pessoa imperfeita, que ainda não chegou à iluminação, tenho me oferecido como voluntária para viajar pelo mundo a serviço das pessoas, como um canal de informação e energia. Sei que não estou só nesse trabalho; estou sendo usada por mestres das dimensões mais elevadas, como fonte de informações para a sabedoria e a energia de cura divina; portanto, sou capaz de dar conferências, meditar, harmonizar-me e dar consultas com o máximo prazer.

Para dizer a verdade, quando estou a serviço, mais de 90% do trabalho é feito pelas dimensões superiores. Alguns clarividentes

128 ~~~~ *Amor e Esperança*

podem ver os mestres e os anjos como seres de luz ou raios coloridos. Eles estão aqui com cada um de nós, para nos dar a cura e a receptividade adequadas. Eles nos falam numa linguagem universal que, com um pouco de treino, podemos entender.

Gostaria de encorajá-lo a continuar seu maravilhoso trabalho de aconselhamento. As pessoas buscam você porque se sentem atraídas pela sua bela luz. Quando sirvo, sempre peço orientação e ajuda dos que me usam como canal, de forma que eu possa ajudar as pessoas com problemas. Você pode fazer o mesmo. Enquanto você não impuser seu aconselhamento àqueles que não pedem por ele, você não estará interferindo na liberdade de ninguém. Sugiro que aceite sua atividade como a expressão do seu amor pela humanidade e pelo universo. Que você consiga fazer um belo trabalho.

Tenho dificuldade para realizar meu trabalho na mídia desde que aprendi sobre ascensão. Você tem algum conselho para mim?

Mudar as vibrações para chegar às dimensões superiores não significa que estamos indo para algum lugar físico. A ascensão não é alcançada por meio de caminhos limitados. Nossa vida diária, única a seu modo, nos dá tudo o que é necessário à ascensão, tal como oportunidades de praticar o amor incondicional.

Posso ver a grande contribuição que você pode dar à ascensão. Nesse momento, os que trabalham nos meios de comunicação devem reconhecer a importância de informar o mundo sobre a ascensão. Eles podem ajudar a educar as pessoas, de modo que elas possam se preparar mais rapidamente para a ascensão. Fico entusiasmada com sua missão, quando vejo o que pode fazer pela luz em sua comunidade.

Por favor, seja paciente e continue emanando luz para seu ambiente. Sua oportunidade de servir virá. Assim como uma gota de um produto químico na água pode mudá-la, de modo que não seja mais a mesma, um grande trabalho sempre começa com poucas pessoas. Por favor, continue seu trabalho, você terá resultados muito mais positivos do que imagina.

Perguntas e Respostas ～❀～ **129**

Tenho 45 anos e trabalho para uma grande empresa. No ano passado, meu pai faleceu e herdei uma grande fortuna. Agora quero ser independente e começar meu próprio negócio. Pode me dar algumas dicas para ter sucesso?

A Mãe Terra está prestes a mudar para a quinta dimensão, na qual só podem ficar os que vivem com amor incondicional. Os negócios e todo o sistema econômico não podem fugir a essa troca energética. Todo produto, serviço ou informação que não beneficie as pessoas, pouco a pouco, desaparecerá. Todo negócio que proteja e preserve o ambiente, as pessoas e os animais da Mãe Terra crescerá e prosperará. Os negócios podem trazer prosperidade a qualquer pessoa, se tiverem como base o serviço, e não o medo ou a cobiça.

O fato de você ter herdado essa fortuna não é um acaso. Você escolheu uma missão muito criativa desta vez. Sugiro que você planeje seus negócios levando em consideração um prazo de cem anos e crie algo melhor para os seus filhos e netos.

As pessoas estão começando a se afastar das fontes que continuamente espalham informações negativas e estão se voltando para as que se concentram nos programas que envolvem educação, saúde, lazer e desenvolvimento espiritual. Eis aí a pista dessa tendência.

Seu Eu Superior escolheu os papéis e as lições para esta vida. Quando começar a meditar e a desenvolver a comunicação consciente com seus guias e mestres, você saberá precisamente o que será melhor para os seus negócios.

Qualquer pessoa que crie algo em parceria com o Eu Superconsciente e invoque orientação das dimensões superiores pode manifestar uma vida de milagres. Os milagres podem não ser tão significativos como Jesus caminhando sobre as águas, mas eles serão a manifestação dos seus bons pensamentos.

130 ～ *Amor e Esperança*

Meu filho, que está no colégio, quer abandonar os estudos e ser fazendeiro. Como pai, me preocupo com seu futuro e culpo a mim mesmo por não formá-lo adequadamente. Pode me ajudar?

Só no final da vida é que ficamos satisfeitos com nossas escolhas ou nos lamentamos. Não importa como vivemos, cada vida é considerada perfeita. Às vezes, pais muito amorosos julgam a felicidade dos seus filhos pelos próprios padrões. Temos de aprender que nossos filhos não são extensões de nós, porém almas independentes que escolheram seu próprio caminho de vida.

Nesta maravilhosa época de mudança, muitas almas encarnadas em forma humana estão se lembrando do motivo de terem escolhido estar aqui, estão participando na criação de uma nova civilização da quinta dimensão. O antigo padrão de pensamento dizia que nossos filhos teriam de ter um diploma superior para conseguir bons empregos, mas esse não é o único modelo, e ele não garante um caminho seguro e feliz para eles.

Como pais, nossa contribuição à vida dos nossos filhos é ajudá-los a desenvolver seus talentos, a crescer e a florescer como flores preciosas da Fonte. Nunca devemos lhes impor nossos desejos e necessidades, ou tentar controlar suas escolhas em nome do amor paternal. Como mãe, tive de aprender esta lição, de ser condescendente todos os dias diante das escolhas dos meus entes mais queridos.

Meu conselho é: enquanto os olhos do seu filho estiverem brilhantes, não se preocupe com o fato de ele ir para uma fazenda ou para uma universidade. A sua lição é encorajá-lo e ajudá-lo a manter o entusiasmo pela vida. Sugiro que pare de se culpar, e, em vez disso, apóie-se no amor incondicional que tem por ele. Por favor, saiba que fez um grande trabalho.

Que tipo de experiências você teve que a encaminharam para este tipo de trabalho?

Nasci no Japão, no início da Segunda Guerra Mundial, portanto, passei por muitas situações difíceis. Sempre quis vislumbrar um mundo livre de fome e guerras.

Perguntas e Respostas ⚊ **131**

No dia 10 de setembro de 1990, um velho de cabelo e barba brancos me apareceu num sonho. Eu soube que se tratava de uma imagem de Cristo, mas eu era tão ignorante, que estava zangada com ele, e lhe disse: — Há muito tempo os homens vêm ferindo uns aos outros em nome das religiões. Não acredito que as religiões possam unir e harmonizar a humanidade. Não consigo mais seguir suas religiões estabelecidas. O ancião silenciou. Ele me ouviu e, então, foi embora. Contei esse sonho estranho à minha amiga mais querida e depois o esqueci.

Em 2 de julho de 1992, eu estava invocando a Fonte de Tudo o que Existe numa meditação, com quem mais gosto de falar. Eu disse à Fonte: — Você tem que enviar alguém à Terra que possa ajudar a humanidade a superar os ódios profundos entre os homens e as instituições, alguém que não tenha mácula. A humanidade precisa de alguém que possa uni-la, pacífica e harmoniosamente, numa escala global. Sei que você enviou grandes filhos como: Jesus, Maria, Gautama Buda, Kwan Yin, Moisés e outros, mas vejo que os ensinamentos deles não trouxeram paz à Terra.

Tenho uma vida maravilhosa pela qual sou verdadeiramente grata. Fiz tudo o que sonhei, mas agora sinto que meu papel nesta vida está chegando ao fim. Perdi meu marido e meus pais, e meus filhos gêmeos são independentes. Não vejo nenhum interesse na vida nesta Terra, portanto gostaria de voltar tão logo tenha uma missão para mim, que você considere mais importante do que minha própria vida.

No dia seguinte, uma amiga estava fazendo um tratamento facial em mim. Ela é clarividente e clariaudiente, embora eu não soubesse disso naquela ocasião. Minha amiga disse: — Kiyo, um velho de barba branca está parado entre nós há uns vinte minutos. Ele diz que quer falar com você.

— Pode perguntar o nome dele? — eu disse.

— Ele está me mostrando a letra M.

— Poderia ser Maitreya?

— Sim! Sim! Sim! — Ela confirmou com entusiasmo. Ele está dizendo que sim!

De repente algo explodiu em meu coração, e rompi num pranto de alegria.

132 ~~~ *Amor e Esperança*

— Ele tem alguma mensagem? — perguntei.

Maitreya disse: – Sim, você tem uma missão, mas ainda não chegou a hora. Tenha paciência até que sua missão comece. Vá à loja de livros esotéricos e una-se às suas almas gêmeas. Espere, que a hora do seu serviço será revelada.

— Eu sabia que estava esperando alguém — eu disse. – Eu pensei que fosse um homem terreno. Agora sei que estive lhe esperando há muito tempo. Por que não veio antes?

— Sempre estive com você — disse Maitreya. — Nunca a abandonei. Você é que vivia fumando, e a fumaça impediu que a minha luz chegasse até você.

Uma semana depois, um médium que estava viajando pelos Estados Unidos e que habitualmente não faz canalizações em sessões individuais me disse: — Tenho que lhe fazer uma consulta porque essa entidade insiste em falar com você, apesar de ser ignorada.

Para minha surpresa, foi Jesus que falou por meio do médium. Ele me disse por que eu tinha vindo de outro universo para este planeta, falou sobre minha vida com Maitreya na Lemúria e sobre minha vida com a Virgem Maria e com ele mesmo. Concluiu contando-me sobre a nova vida que eu ia começar.

Durante 45 minutos ele foi gentil, delicado, digno, terno e amoroso, tal como deve ter sido em pessoa há dois mil anos. Chorei durante toda a sessão. Eu estava muito envergonhada pela minha ignorância, arrogância e me desculpei sinceramente.

Jesus disse: — Aceito seu pedido de desculpas.

Fiquei extremamente aliviada. Senti como se o céu tivesse se aberto e eu pudesse enxergar uma passagem. Posteriormente, meu marido, que estava na quarta dimensão naquela ocasião, me disse que havia uma enorme Luz brilhante ao meu redor.

Minha vida mudou. Comecei um caminho bem diferente daquele de uma viúva aposentada alegre. Aprendi sobre ascensão nos livros, fitas, vídeos, meditações e, acima de tudo, ouvindo as palavras dos mestres por muitos canais. Também recebi muita informação intuitivamente. Para minha grande surpresa, tudo parecia muito natural e senti como se sempre tivesse esperado por essa fase de ascensão.

Perguntas e Respostas ✺ **133**

Passei a maior parte do tempo preparando-me para minha missão. Passei por jejuns, dietas severas e longas meditações para conseguir a purificação e o despertar, pois eu tinha uma grande vontade de me ligar conscientemente aos mestres.

Em dezembro de 1992, cinco meses depois que Maitreya me despertou, fui orientada para viajar para as cidades de: Nova York, Colorado, Bimini, Texas, St. Thomas, St. John, St. Croix, San Francisco, Japão e Índia. Pelos últimos seis anos, tenho sido treinada por numerosos mestres e guias das dimensões superiores. Cada momento foi uma experiência destinada a abrir meus olhos.

Você pode nos contar algumas das lições que teve de aprender?

Até agora aprendi várias lições importantes.

1. *Temos de ficar abertos a toda informação, mas aceitar somente aquela que parecer verdadeira em nosso coração.*

Certo dia, Jesus me deu uma informação específica relativa a um terreno que eu comprara e às casas que eu devia construir nele. Não consegui concordar, e meu coração não ressoou com essa informação; portanto, visitei alguns médiuns profissionais que canalizaram vários mestres ascensionados. Todos me deram informação idêntica, mas meu coração ainda não a aceitava, não importava o que os mestres dissessem. Resolvi seguir meu coração e ignorei a informação.

Alguns dias depois, Maitreya veio através de um canalizador e me disse: — Tínhamos que testar o seu discernimento. Portanto, propositadamente demos a sete médiuns a mesma informação inadequada.

Aprendi que a minha verdade tem de vir de dentro, não de fora, nem mesmo de mestres ascensionados.

2. *Temos de entender a diferença entre a vontade divina da nossa mente superconsciente, do nosso eu superior, e a vontade humana, do ego. Temos de aprender a aceitar a vontade divina.*

134 ≈≈≈ *Amor e Esperança*

Em 1993, fui orientada pelos mestres para ir ao Japão para estabelecer uma rede de Trabalhadores da Luz. Jesus me disse:

— Num futuro próximo, testaremos você para saber se está ou não habilitada para a missão. Considere essa viagem como sua iniciação e prepare-se para ela. Você terá de jejuar e fazer uma dieta estritamente vegetariana.

Quando cheguei ao Japão, passei bastante tempo meditando com um amigo. Recebi mensagens, anotando tudo depois de cada meditação. O meu amigo recebeu mensagens clariaudientes. Nossos guias disseram que estava tudo perfeitamente de acordo com a escolha divina do momento, portanto devíamos continuar meditando, lendo e caminhando. Então me disseram para ir ao Hotel Imperial, que fica no centro de Tóquio, e meditar durante duas semanas. Fui também orientada para fazer uma viagem para uma remota cidade montanhosa e visitar um velho templo onde, meu amigo e eu, presenciamos um magnífico milagre.

Durante toda a viagem, nada de relevante aconteceu, com relação ao grupo de Trabalhadores da Luz. Finalmente, no final do terceiro mês, fui instruída a voltar para os Estados Unidos. Naturalmente, fiquei profundamente desapontada por não ter sido capaz de criar a rede dos Trabalhadores da Luz. Lembro-me de ter ficado frustrada pelo conflito entre as mensagens que diziam que tudo estava correndo bem e que eu devia meditar, ler, andar e me divertir: no entanto, minha missão era criar uma rede de Trabalhadores da Luz.

Cheguei em casa arrasada. No dia seguinte, pedi desculpas a Jesus por ter falhado totalmente em minha missão. Disse-lhe que eu não confiava em mim para futuros compromissos e lhe recomendei que encontrasse alguém mais adequado para o trabalho.

— Nós lhe demos a prova para ver até que ponto você seguiria a nossa orientação — Jesus respondeu. — A fim de realizar o plano divino na Terra, é da maior importância que você aprenda a renunciar sua mente centrada em si mesma à mente universal. Tínhamos que nos assegurar de que você seguiria nossa orientação, não as vontades do seu ego. Parabéns! Cumpriu seu compromisso com êxito. Para dizer a verdade, todas as noites, a sua cons-

Perguntas e Respostas ~~✿~~ **135**

ciência abandonava o corpo físico, e assim você despertou três mil Trabalhadores da Luz, suas almas gêmeas, por todo o Japão.

3. *Temos de manter o desapego e a flexibilidade.*

Certa vez Jesus me disse:
— Nunca deixe de examinar toda informação com a mente aberta. Entretanto, sempre lembre-se de discernir o que é verdadeiro para você. Em seguida, seja flexível para poder adaptar-se a qualquer mudança. Todos nós, nas dimensões superiores, servimos à humanidade em favor da Fonte, mas o plano pode ser alterado de repente, porque temos de respeitar o livre-arbítrio e a liberdade de escolha dos seres humanos.

Certamente, meus planos passaram por muitas mudanças drásticas e repentinas. Eu costumava contar aos seres das dimensões superiores que me sentia como se fosse um peão de rodeio e meu touro ficasse selvagem numa escala cósmica. Tive de aprender a abandonar os desejos do meu ego e seguir com a corrente, a viver no momento sem me preocupar com o passado, com o futuro, com o dinheiro e com os obstáculos aos meus próprios planos.

Quando deixo de lado os meus desejos humanos, sinto uma abundância maior, mais amor incondicional e uma inacreditável coragem em todos os aspectos da minha vida. Aprendi a viver cada vez mais com alegria silenciosa e serenidade e, certamente, libertei-me do medo.

4. *Temos de ter fé e saber que estamos ligados à sabedoria cósmica, ao amor incondicional e ao poder ilimitado.*

Certa vez, quando eu estava confusa sem saber que caminho tomar, Jesus me aconselhou a ler os capítulos sobre Jó, Abraão e seu filho, na Bíblia. Não tive nenhuma educação cristã nesta vida, portanto seria a primeira vez que eu leria sobre a prova de fé pela qual todos nós passamos de uma forma ou de outra. Finalmente, aprendi que o plano universal está trabalhando para elevar a vibração dimensional de Tudo o que Existe, e que eu sou uma das mui-

136 ～～ *Amor e Esperança*

tas que servem como canal para a Energia Universal das dimensões superiores.

5. *Temos de praticar o que pregamos, agindo de acordo com nossos pensamentos.*

Fui visitada por três entidades que se denominavam "As Douradas do Sol Central do Universo". Uma das três Douradas me disse:

— Vamos testar você para ver se é a pessoa adequada para a missão que planejamos lhe dar no futuro. Nós a estimularemos em todos os aspectos da sua humanidade.

— Fico feliz em aceitar seu desafio — respondi — porque me lembro que pedi por uma missão específica que fosse mais importante do que a minha própria vida. Eu mesma gostaria de saber se consigo executar minha missão. Pretendo cumprir minha promessa e estou trabalhando para isso todos os dias.

Reconheço que vivi uma vida muito mundana, confortável e limitada, e ainda vivo. Agora, eu desafio conscientemente a mim mesma, em todos os momentos, para ver até que ponto consigo me ligar àquela parte positiva de mim mesma e averiguar a medida do meu amor incondicional por todos ao meu redor e além. Aproveito minha vida a cada dia e estou consciente de que sou uma parte do todo e estou profundamente envolvida de uma forma ou de outra com tudo, embora não tenha nenhum tipo de apego.

Epílogo

Nosso sonho é viver num mundo em que ninguém morra de fome e ninguém fique doente, num mundo em que não haja o conceito de guerra. Nosso sonho é viver num mundo onde todos tenham oportunidade de desenvolver seu potencial mais elevado e perfeito, e no qual cada ser humano sinta-se feliz ao criar um céu na Terra com amor incondicional e harmonia. Esse é o próximo passo da evolução.

O plano cósmico de mudar a vibração deste sistema solar está em andamento. Nosso planeta, Gaia, e todos os seres em sua superfície podem transformar suas vibrações da terceira para a quinta dimensão. O grande espetáculo cósmico nos dará a oportunidade de criar uma nova civilização sem paralelos na história da humanidade.

É simples acompanhar essa mudança. Tudo o que temos de fazer é amar incondicionalmente, com misericórdia e compaixão, perdão, humildade, desapego, esperança, alegria e bom humor.

Recebemos liberdade ilimitada para escolher como queremos participar desse drama que afetará a todos. A ascensão não deve ser uma luta. Tudo o que temos de fazer é liberar toda negatividade tridimensional, desligando-nos das mágoas e dos apegos oriun-

158 ～～ *Amor e Esperança*

dos do passado, que não servem mais para nós. Então, o processo de ascensão será agradável, até mesmo divertido.

Iluminação significa respeitar nossa própria realidade e a dos outros, e aceitar todas as realidades como fontes de conhecimento, crescimento e prazer, pois cada um de nós é uma peça do quebra-cabeça Divino. A ascensão não é uma dádiva da Fonte para resolver de imediato os nossos problemas, nem é um meio de abandonar nossas responsabilidades humanas; ela é um longo processo cotidiano, durante o qual, como seres humanos imperfeitos, aprendemos a tratar a nós mesmos e aos outros com respeito, carinho, ternura e amor.

Deixe-me repetir que temos de nos lembrar de gozar a vida e de rir alto sempre que possível. A vibração do riso é elevada — tão elevada que se aproxima da vibração da Fonte de Tudo o que Existe.

Sobre a Autora

Kiyo Sasaki Monro nasceu em Fukuoka, no Japão, em 1941, e mora em Massachusetts, nos Estados Unidos. Canal mediúnico para a Energia Universal, ela presta serviço como conferencista e conselheira de nível internacional. Atualmente, ela dá conferências, cursos e seminários sobre ascensão, tendências empresariais para o século XXI, aplicações práticas da espiritualidade na vida cotidiana, meditação e integração da energia do amor e da cura.

Kiyo também faz sintonizações para ajudar a estabelecer uma ligação com a Fonte. Como um canal para grandes mestres das dimensões superiores, ela ajuda pessoas de todas as profissões a despertar.

A autora também é membro vitalício da *International Association of Counselors and Therapists* e também mestre em Reiki, agente de cura qualificada, hipnoterapeuta formada e agente de liberação de energia.

Kiyo partilha sua experiência respondendo às perguntas das pessoas. Com sua aguçada percepção intuitiva e seu grande cabedal de conhecimentos, ela ajuda a todos que procuram fazer a transição espiritual para o despertar. Seu método de ensino eficaz e cativante encanta tanto os participantes de seus seminários, quanto o público do mundo inteiro que assiste suas participações em programas de tevê.

O principal objetivo de Kiyo é servir de ponte para a paz mundial, unindo nações, raças, instituições e dimensões, atuando como um canal para a Energia Cósmica.

O Amor da Alma

Desperte os Chakras do Coração

Sanaya Roman

Este guia, que foi transmitido a Sanaya Roman por Orin, um mestre espiritual sábio e de grande bondade, ensina a você como:

- fazer contato com a sua alma;
- despertar os três chakras do coração, que aumentam a sua capacidade de amar a si mesmo e aos outros;
- trabalhar com a sua alma para criar relacionamentos que cumpram o propósito superior da união entre as pessoas;
- pôr abaixo os obstáculos ao amor;
- descobrir novas maneiras de amar;
- atrair para si a alma que lhe foi destinada como companheira.

Ao lê-lo, você estará se lançando numa maravilhosa jornada de aventura e crescimento, e vai descobrir como criar círculos de amor para transformar seus relacionamentos e tornar-se uma luz brilhante no caminho das outras pessoas, sentindo toda a força do amor – a energia mais poderosa do universo.

EDITORA PENSAMENTO

CONTATO EXTRATERRESTRE

GINA LAKE

Projeto para um Novo Mundo

Transmitidas diretamente da Confederação dos Planetas, estas informações surpreendentes revelam quais extraterrestres estão visitando o nosso planeta e quais são os objetivos desses seres. Além disso, você vai saber como pode cooperar com eles na realização de um plano cujas proporções são de tirar o fôlego.

Nunca se explicou de maneira tão completa como será a vida na Terra depois que a humanidade entrar em contato com os extraterrestres. A Confederação descreve com detalhes as mudanças que devemos fazer no sistema educacional, no campo científico, na política, nos meios de comunicação, no sistema religioso e nos demais aspectos da nossa vida diária.

Aprenda a diferenciar os extraterrestres benéficos, que estão aqui para nos ajudar, dos maléficos, cujo único interesse é aproveitar-se de nós para conseguir o que querem. E, o mais importante: saiba quais são as mudanças básicas que você tem que fazer na sua vida para estar pronto no momento do CONTATO EXTRATERRESTRE.

"*Contato Extraterrestre* é simplesmente fantástico! Gina escreveu o guia definitivo sobre quem são os extraterrestres e o que acontecerá à humanidade neste Novo Milênio. *Contato Extraterrestre* é uma mensagem vital para a população da Terra. Este livro mudou a minha vida para sempre."

Robert Perala, autor de conferências sobre OVNIs e apresentador de um programa de entrevistas na TV norte-americana.

EDITORA PENSAMENTO

PONTE DE LUZ - Instruções Práticas para a Transformação Espiritual
LaUna Huffines

> "Afinal, um livro que realmente constrói uma ponte entre o céu e a terra. Eu uso suas sugestões com pessoas em todos os níveis de desenvolvimento pscológico e espiritual, e os resultados têm sido nada menos que miraculosos."
>
> Marcelle Kardush, Ph.D.
> Professor de Psicologia da
> San Francisco State University

Ponte de Luz é o primeiro livro que ensina métodos práticos de lidar com as novas energias proporcionadas pela expansão espiritual. Ensinados, a princípio, em cursos particulares, esses métodos foram transmitidos ao autor por um mestre espiritual que ajudou centenas de pessoas a terem uma visão mais clara e aberta a respeito de suas vidas.

Ensinando a meditar e a respirar corretamente através de modernas técnicas psicológicas, *Ponte de Luz* nos diz como enfrentar o tumulto da vida moderna e a criar para nós um papel que nos transformará em fator de mudança no mundo em que vivemos. Propondo exercícios simples ilustrados com exemplos tirados da vida real, o leitor aprenderá:

- a entrar em contato com seu Eu Superior e a seguir os seus sábios conselhos;
- a energizar o próprio corpo com a luz espiritual;
- a harmonizar as diversas facetas do seu eu interior;
- a criar para si um Templo de Luz;
- a receber mensagens telepáticas das dimensões superiores;
- a construir Pontes de Luz para as pessoas e as qualidades que você deseja ver integradas à sua vida.

LaUna Huffines, formada em Psicologia, tem uma longa experiência no aconselhamento de pessoas com vistas a uma transformação integral.

EDITORA PENSAMENTO

PARA CHEGAR AO CORAÇÃO DO SENHOR

Orações Inspiradas nos Salmos de Davi

Yara Beduschi Coelho

"Foi por acreditar na bondade divina, no seu amor incondicional pela humanidade como um todo e por cada um de nós em particular, e por aceitar a palavra do Senhor como fonte de inspiração e verdade, que fui até a Bíblia buscar orações que me ajudassem a falar com Deus.

"Nessa busca, os Salmos surgiram como uma esperança de conhecimento, fé, poder e realização. Com a ajuda dos Salmos, acabei por encontrar minhas próprias palavras para orar, e passei a registrá-las. Essa inspiração me levou a reavaliar os meus sentimentos, a minha religiosidade e espiritualidade. Passei a acreditar no poder da oração, na bondade divina e, sobretudo, aprendi que Deus me ama e traça meus caminhos para que eu possa evoluir e elevar meu espírito na Sua direção.

"A orientação das preces contidas neste livro é no sentido de que primeiro *eu* melhoro, *eu* perdôo, *eu* amo o meu semelhante, para então receber a promessa de amor eterno de Deus. As preces são de luz e amor, de fé, perdão, harmonia, esperança e caridade."

EDITORA PENSAMENTO

A JORNADA SAGRADA DO GUERREIRO PACÍFICO
Dan Millman

> *"Poucas pessoas vivem e expressam o espírito do guerreiro pacífico tão eloqüentemente quanto Dan Millman. Seu livro trata de histórias verdadeiras, de ensinamentos que prendem a nossa atenção, ao mesmo tempo em que falam de um sábio despertar da consciência."*
>
> Roger N. Walsh, Ph. D., Professor de Psiquiatria da Universidade da Califórnia

Esta é uma aventura sagrada da qual todos compartilhamos: a jornada em direção à Luz que brilha no centro de nossas vidas.

Depois de quatro anos de treinamento com o velho guerreiro a quem chama de Sócrates — e a despeito de tudo o que aprendeu — Dan Millman vê-se diante de fracassos pessoais e crescentes frustrações. Desiludido com a vida e sem se sentir capaz de conciliar conhecimento e ação, parte numa busca através do mundo para reencontrar seu objetivo e sua fonte de inspiração.

Uma lembrança inesperada o leva a procurar e a encontrar uma mulher xamã nas profundezas da floresta tropical do Havaí. Ela o conduz de volta à esperança e o leva a encarar seus medos, preparando-o para o que ainda haveria de acontecer.

Nesses mundos de sombra e de luz, Dan é submetido a testes interiores, a desafios mortais, recebe revelações impressionantes e conhece personagens inesquecíveis, à medida que segue o caminho pacífico e sábio do guerreiro interior.

* * *

Do mesmo autor, a Editora Pensamento já publicou *O Caminho do Guerreiro Pacífico.*

EDITORA PENSAMENTO